顯化效應

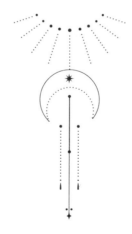

每天都能做的「**注意力鍊金術**」，讓你心想事成

克麗絲・費拉洛——著
心意——譯

各界推薦

所有的一切物質、能量、現象皆由「意識顯化」而來的，顯化是在「意識結構」中從「隱態」到「顯態」的雙化過程，如何在現實生活中成為夢想顯化者？顯化結構的工作就很重要了。作者以精神開放自由的心智鍊金術技術，將精神實踐和原則與能量平衡相結合開創了「顯化的七大祕密法則」及「九個超強的顯化祕密練習」，以實現超強的意識轉化，驗證了與其簡單地夢想自己想要的東西，不如將意圖、情感、感激、積極思考和行動層次結構化地聚焦以實現您的夢想。

——Amy **黃逸美**．《意識結構》共同作者、意識結構研究會負責人

《顯化效應》提到的「顯化的祕密練習」中有提供一種正向的祈禱格式「靈性的心理療法」：「認知」到宇宙的力量、與祂「連結」、確認願望正在發生、「感謝」

願望的發生，然後「放下」它。其實正是我翻譯《祕密》系列書籍十多年來，以及身心靈圈大部分靈性旅人會經歷的過程。

書中也提供不同主題的正向意念，當中關於「社團」的主題剛好很符合我近期共同管理的《3分鐘未來日記》同名公開社團。而「超強顯化祕密」的練習八：打造顯化日記（和感恩日記），也正是這個近萬人社團一起陪彼此寫日記的原動力。

推薦本指南書給希望顯化夢想的你。

——**王莉莉**（Shila）・《祕密》系列譯者／《啟動夢想吸引力》作者

顯化夢想的方式很多，但其實真正的源頭只有一個，就是「先變得幸福」。

我見過能夠心想事成的人，都是非常幸福的人，不是因為夢想顯化了才幸福，而是先隨時隨地都有能力幸福，而這份能力會為他帶來巨大的磁場，吸引他所想要的事發生——這也是《顯化效應》想要手把手教我們的能力。

——**柚子甜**・心靈作家

書中有個很有意思的測驗「判斷自己是哪種類型的夢想顯化者」，透過提問與選答過程更能正確辨識出自己的創造類型，在正確的顯化點上著力。

我個人特別喜歡第二部中的九個超強的顯化祕密練習，這也是我最常分享的「正確許願法」。作者很仔細地帶領我們如何從正向宣言與腳本開始，進行祈禱與正向意念、列出顯化清單、注意內在語言的慣性，以及如何弄假直到成真、透過音樂搭配身體舞動出夢想。尤其我最愛的是打造個人專屬的顯化感恩日記，增強行動方針與落實目標，都讓我覺得收穫滿滿！

——**陳盈君**．諮商心理師／左西人文空間創辦人

宇宙從虛空中而生，

顯化從夢想裡成型。

我們都有此生渴望活成的模樣，有些人的憧憬與夢想，停留白日夢的情感慰藉裡。而聰明的人懂得善用顯化法則，讓內在力量凝聚，從一顆信念裡的種子，在現實界裡生根萌芽，繁榮壯碩。

而這本《顯化效應》，作者清晰淺顯地分析了「顯化的七大祕密法則」，並提出

「九大顯化祕密練習」，以具體有趣並容易實踐的方式，去強化意念的力量，喚醒身體同步的感受；也對顯化似乎未見成效時，如何處理懷疑與釋放阻力。

書中提到的練習步驟很生活化、易於操作，是一本非常實用的顯化工具書。

——**楊寧芙**・頌缽音療工作坊帶領人

這是一部充滿可能性的創造之書，內容含括了所有我們對未來生活的期許和想像。

尤其是在疫情期間，更像是一場及時雨，陪伴大家在尋思生涯的改變與提升靈性方面，給予具體的做法與彈性調整的選項，讓包容萬有的更高層次的力量，可以透過有意識的操作，以及相信光與愛的頻率，在任何可見的事物上印證如此偉大而富有創造力的能量是真實不虛。

我也曾經感受過魔法降臨的時刻，內心深處被強大的存有共振並且淚流不止，超乎想像的美好。當你踏上顯化的旅程，會發現每個機會都在為你開啟那扇眾妙之門。

克麗絲・費拉洛深深體會到普通人感知的線索是如何與宇宙進行正確的連線，感謝她把如此豐盛的奧祕分享給讀者，感謝我所信仰的宇宙，願所有美好如期而至。

——**銀色快手**・夢想陪伴引導師

談到夢想，有人不禁要問：「美夢是否能夠成真呢？」答案是肯定的。

每個人都具有強大的創造力，也是潛能無限的存有。我們可以運用顯化法則、聚焦的力量，讓內在豐盛意識呈現於外境，去創造所想要的美好。

這本夢想顯化指南之書，除了探討愛情、金錢、健康、情緒，也結合了靈性原則和實際練習。內容簡單易懂，也能有效地落實於生活中，是一本非常難得、真正能夠引領你顯化豐盛的好書。

——**謝宜珍**・作家、身心靈講師

本書訊息無意取代醫師或其他醫療專業人員的建議。對於健康相關的問題請諮詢專業醫療人員，尤其是，若你已有任何健康方面的醫療問題，將開始、停止或改變你正在服用的藥物劑量之前，請諮詢專業醫療人員。作者和出版社對讀者的個人的醫療保健決定，聲稱直接或間接從本書所含信息中經驗到的任何不良影響，作者和出版商一概不予負責。

具開創性的超能者、現代神祕主義者、
奇人助產士、大膽而害羞的夢想家，
和無處不在的打破常規信仰者。

這本書是給你的。

CONTENTS

PART 2

九個超強的顯化祕密練習

PART 3

把顯化的祕密帶進生活各個層面

PART

4

把顯化的祕密法則帶進生活

前
INTRODUCTION
言

顯化
與鍊金術
入門

關於我

我帶著一顆破碎的心回到了丹佛。

幾個月前，一場偶然的邂逅讓我認識了一位志同道合且心靈相契的伴侶，他的存在讓我瞬間有回到家的感覺，而且彼此似乎很早以前就認識了。這場邂逅讓我又驚又喜，一瞬間，也看到了「我們的」未來潛藏著諸多可能性。這是「顯化者」們普遍皆知的事，我們相信一切皆有可能，並且通常會觀想自己想要什麼。但從那以後，我也越來越清楚，那個可能的美妙未來，終究不會開花結果了。失去之後，我從迷霧中清醒過來，意識到自己不會在這段關係中得到想要的——至少不會是從這個對象身上獲得。這時剛好有一場早就排好的跨國會議要開，我帶著沉重且失望的心情，提著超重的手提箱登機了。

作為一本討論顯化主題的書，開場居然是作者招認自己近期失敗的經歷，這個手法似乎可說是奇怪又大膽。你會這麼想是完全正確的，而這也不會是我第一次用「奇怪」或「大膽」來形容我自己和我的選擇。

畢竟，大家會覺得我應該是擁有完美生活的理想典範——每一個夢想都實現了，每一個願望也都成真了，然後無所事事地坐在沙灘上喝雞尾酒，數鈔票，一邊讓完美伴侶在旁按摩我的雙腳？

親愛的讀者／未來的顯化者／織夢人，我有的是更為有趣的旅程要跟你分享啊！

自從開始積極創造自己想要的事物這二十三年來，我的生命起了戲劇化的大轉變，而且大到我都快要認不出自己了。我變得更快樂、更健康、更豐盛、更有創造力，也前所未有地愛上了自己。一路走來，我遇到了所有可能出現的陷阱，也會轉錯彎，也會遇上純粹的錯覺，而這些也都會在旅程中等著迎接你。更別說經歷自我價值混亂、創造出超級後悔的事件，還有舊傷疤和舊信念的阻礙等。在分享這一切的同時，我也會跟你分享如何辨識和糾正這些失誤，我們都會遇上類似的經歷。在創造的過程中充滿讓人感到挫敗的事件，但令人著迷的是，那些「錯誤」最終會幫助你看清楚自己的最佳生活是什麼樣子。

這個世界最不需要的，就是一本最終會讓讀者對自己感覺不好的自我成長書籍。

你只屬於自己夢想中的生活，不屬於其他任何一方。

——塔瑪・基輔斯（Tama Kieves）／暢銷勵志作家

本書內容不會發生這個問題，在我的把關下更是不可能。

我回到丹佛，在第二天的會議結束之後，晚餐邀約前還有一小時的空檔。我的飯店房間有張舒適的圓形雙人沙發，配有擱腳凳和絲絨枕頭。我蓋著毯子，抱著筆電蜷縮在沙發上，目光在網飛（Netflix）的脫口秀特輯和窗外飛過的雪花之間輪流兜轉著。我的家鄉紐澤西州今年冬天異常溫暖，我一直渴望下雪，就像現在一樣。

我瞄了瞄手機上的時間：下午四點三十分，離晚餐時間還有二十分鐘。「查看時間」這個看似平凡的行為，我一天能做上好幾百次的事情。我想大家並不覺得這個行為會跟進入超自然體驗有什麼關係；沒有鼓聲、沒有吟唱、空氣中沒有一絲燃燒線香的氣味、沒有神祇降臨房間，也沒有震耳欲聾的喇叭聲音，分享著深奧的訊息，但這正是顯化最終的模樣。

先讓時光倒流回十年前。我坐在辦公室裡，在一家社會服務機構的顧問，那時我已經待在那裡十三年了，而那是個連待五年都嫌太長的工作。原本的理想工作逐漸成了惡夢，我已經成長和進化，超越了這個工作環境所需要一切。我為他人提供服務的方式產生了變化，因此感到窒息、沮喪和無聊，也沒有空間將我熱衷的事物帶到工作裡。在工作以外的時間，我認真學習關於顯化、能量和療癒的相關知識，讀書、冥想、祈禱、觀想（visualizing）、穴道輕敲療法（tapping）、平衡，這所有的學習都無法走進我的辦公室大門。

與此同時，我的工作職責、頂頭上司、資金和公司本身都發生了變化，工作環境沒有好轉的趨勢。我自身不斷的成長和工作之間存在的差距不斷擴大，然而「安全感」這個該死的誘惑卻填滿了那個差距——有薪假、福利好和準時入帳的穩定薪資。我怎麼可能離開呢？我抬頭看了看時鐘：下午四點三十分，還有三十分鐘下班……感覺永無止境的三十分鐘。以某方面來說，我的每一天都變成了同一天，我的冒險精神正逐漸凋亡，要麼倒數距離自由時刻（下班）還有幾分鐘，要麼倒數下一個假期或假日何時到來。午餐時間都麻木地進行「線上旅遊」，在影片中看著其他人訪問異國他鄉、徒步穿越叢林、與新朋友分享美食，過著我夢想中的生活。然而，我卻只能坐在這裡，盯著時鐘，等待下午五點的到來，在「真正自由」的對岸等待暫時的自由降臨。

但是，跳回到現在的我，我的思想、心靈和身體都充滿了感激和愛。星期二的四點三十分，我蜷縮在一個美麗的旅館房間裡，在一個我從未拜訪過，但一直想參觀的熱鬧城市裡，笑著品嘗這甜蜜的體驗。我在一家住著許多有愛心、善良的顯化者同伴的飯店裡面，聽著令人心曠神怡的現場音樂表演和鼓舞人心的演講，還有人幫我支付旅費。這一切就發生在一個普通的星期二，你相信嗎？我坐在這裡，倒數計時等著與親切和藹的朋友們一起享用從農場新鮮直送的晚餐，我們也會同時深入地分享對彼此的感激和欣賞，我常常聽得淚流滿面。其他人會點出他們認為我為這個團體的努力，帶來了哪種寶貴的特質，這些觀察每每能喚醒我。在這裡，我學到了一些自己的新特質。我現在就在自己珍視的職業生涯中，以我真正了解的工作方式幫助他人，也將好消息分享給任何願意傾聽的人。我演講、旅行、教學，也在舞台上、Podcast和採訪中為大家帶來療癒。我現在就過著自己一直想要的生活。就這樣，我的過去和現在同在於此。

如果我有自拍棒，並當場拍下照片的話，我必須告訴你，這個場景不會像是ＩＧ上的美照，既沒有海灘、沒有天菜帥哥也沒有穿著S號華服的美女。老實說，房間裡的燈光甚至還有點糟糕，也沒有性感粉絲會回眸多看我一眼。然而這正是我一直想到達的地方，不需要上班打卡、不需要無止境地等待時間過去，好把自己從悲慘的現實生活中解救出來、不再用別人的生活模式麻痺自己。

我暫時的情傷讓我分心了，將自己的心思和精力集中在生活中（還）沒有實現的一件事上。關於這點你可能有其他很類似的經驗。你曾被紙張割傷過嗎？這個小小的傷口迫使你關閉身體其他感官，把注意力集中在痛感上。其實，你的身體百分之九十九點九九九九都完好，心裡卻一直叨念著那一道細小的傷口：「為什麼公司還不施行無紙化辦公？要是洗手間裡有乳液，就不會發生這種情況了！我真的該多喝水，否則皮膚不會這麼乾！還有，為什麼沒有人能製作出更柔軟的紙張呢？天哪，這傷口真的很痛！」一連串的「要是……如果……」就足以讓人永遠困在無止境的負面循環中了。

一次神性的介入大大方方地打破了我的絕望，讓我想起了自己所忽視的東西。我已經創造了（並將繼續創造）自己一直想要的生活，我已經運用自己在書裡分享的原則、實際練習和技巧，做到了這一點。一切都以一種令人讚賞、不拖泥帶水，而且樸實無華的方式進行著。

成為一名顯化者意味著你會變得更加真實，我所有的性格稜角、怪異和超級實事求是都會變得更加突出。我說的不是像卡戴珊家族或其他網紅那樣瘋狂的「本色演出」，他們所作所為跟他們的靈魂目的有關，我不多做評論。我的靈魂目的會不一樣，你的也會不一樣。你當然可以創造海灘、金錢、翹臀和美好的愛情，或者想要的

成為正常人是失敗者的理想目標。

——榮格／分析心理學始祖

任何其他東西，然而這些不會一夜之間就發生，也非一蹴可及。（雖然有些顯化發生得很快，然而成長是一個過程，你也會跟著成長。）你的理想生活也許看起來就像IG上的網美照那般完美無瑕，或者平凡到不行，又或者在外界看來像透過哈哈鏡反射萬花筒圖像般複雜混亂，但對你來說卻是極有意義的。

它也可能看起來像是你根本無法預料的事物，我可以保證的是，冒險正在等著你。你生來就肩負著神聖的使命，我們憑直覺都知道這一點。當我們加以忽略時，反而最了解這一點，因為自己會感到不滿意和不滿足。我們意識到一年、五年或四十年過去了，自己仍然沒有＿＿＿＿＿＿＿＿（去中國旅遊、寫完那本書、還清債務、學會開船等等）。在這些不滿足中，你的入場券就出來了。

請放手讓它推動你前進、去碰碰運氣、去冒險，你比想像中的自己還要優秀，而且你的能力比你現在所知道的要多更多。也許，你能夠擁有的事物也比夢想的還要多更多，而且宇宙中有一股力量支持你走的每一步。

目標的實現為我們帶來了生活上的便利：獎金、額外禮金、禮物、飯店裡寬敞的按摩浴缸、快遞送來的鮮花、在完美時間點出現的客房服務，以上這些都是來自於你認同了自己的使命，而且願意對自己來到世上所帶的使命說聲「好的」。在通往目標的道路上所放下的事物——對自己所持有的錯誤觀念、痛苦的記憶和不合適的文化制約——這些都是好事。因為，你真的明白了，自己值得擁有得更多。你原本背負著所有不喜歡的自己，如今意識到被一個比自己更偉大的力量無條件地愛著和支持著，就像現在正在閱讀本書的你一樣。我不是指一般作者廣泛所用的「你」在做比喻，而是實際在談論「你」這個個體。你知道我是怎麼知道的嗎？你可能覺得我們素未謀面，我怎麼能有自信這樣說呢？因為我們都是一樣的，都有這些內在的渴望，渴望著去愛、被愛，渴望著去表達、去創造、去實現，渴望著清醒過來；「感覺自己更好」已經在召喚你前行進入豐饒之地了。願本書成為陪伴你、支持你走過這個過程的良伴與指南。

顯化是種鍊金術，把生命中的鉛鍛鍊成金

你會選擇閱讀這本書是有原因的；世上一切，每一個選擇，都是有原因的。你覺

人生最棒的事莫過於，過著自己渴望的人生並做著一份自己熱愛的工作，服務著眾生，也支持著自己。

——理查・布蘭森（Sir Richard Branson）／英國維珍集團創辦人兼董事長

得自己錯失了某件或某些事物，或者覺得自己卡在某種狀態，沒有任何進展，又或者內心深處有個小小的聲音呢喃著：「生命不僅止於此，還有更多可能性。」

也許你有財務方面的問題，這種掙扎可能是長久以來都難以擺脫，或者是因為近年的疫情顛覆了你曾經穩固的財務世界。至於愛情方面呢？你是否渴望自己能夠被幸福的伴侶關係擁抱？是否曾試過一些方法想「找到真愛」，只是最終宣告失敗？或者你的健康和活力每況愈下，「衰老」無情地加速前進，然而一個人能夠服用的保健食品劑量就是這麼多。或者是事業和成就方面的困境，你是否一踏進辦公室，就開始感到麻木？就這麼一次，你能不能試著踏進那個你已經茁壯成長的領域呢？

通常，我們會選擇從外部接近這些變化，試圖從「外在」做出不同的選擇，以創造「內在」狀態的變化。比方說，你拿到了好市多的會員資格，並取消有線電視來省錢，希望這麼做會讓自己更有安全感；或者，你下載了最新的約會App，期待在上面會遇見真愛；你在YouTube上找到了運動健身的影片或頻道，並開始致力於改善自己的健康；或者聘請職業顧問提供人生方向的指導。這些方法本身來說都可能是值得的選擇，然而，這類執行性的步驟我會留到後面的篇章再做進一步的討論。

我們一開始應該由內而外的開始創造轉變。你正在進入一段旅程，一段有意識創造自己想做什麼、成為什麼和擁有什麼的旅程。很快地，你就會成為一名顯化大師了。

這就是顯化行動的意義所在。古代鍊金術士一生都在追求如何把鉛鍊成黃金，然而，他們並沒有騎著馬或駱駝跑到森林、沙漠裡漫無目的地尋找黃金，他們反而是運用自己所擁有的來轉換它。一旦接受了顯化的法則和練習，你就會意識到自己是個強大的創造者，而且要成為顯化大師並不需要花上一輩子的時間。

讓我們現在就開始吧。

為什麼要嘗試顯化呢？

我請求你，能往前踏出信任的一大步。我希望你相信自己能夠擁有更多，能夠處在神性的狀態，也能夠付出更多。同時我也想請求你，現在就開始愛你自己以及你生命當下的狀態。我請求你接受對我來說曾經是個頗激進的一個概念：創造豐盛和令人

沒有什麼比發展你的想像力，從內在世界的思想、感受，轉化為外在世界的結果和顯化更為重要的了。

——內維爾．戈達德／二十世紀最重要的靈性作家之一

滿意的生活，可以是有趣、簡單和令人興奮的。我很清楚你會因此面對一些限制性的信念、舊有的記憶，以及一些需要原諒的人。面對這些人事物並不有趣，然而放下過去，就能帶來我們所渴望的浮力——一種不會沉沒，而且隨著生命節奏漂浮流動的力量；在面對這些時，我自己也不會掉以輕心。

安於現狀

我們最深切的渴望常常也是我們最脆弱的部分。也許在成長過程中，你的需求和渴望沒有被滿足、被忽視甚至遭到迴避；也許你因心碎或其他損失而感到失望，那些渴望被埋葬了，你因此安於現狀、安於輕鬆、安於環境；但是，那些渴望依然存在心中，等著你的青睞。

以下是我學到關於安於現狀的人生功課。過去的我身為一名保守的人生玩家，「安於現狀」一直都對我很有吸引力：「接受現狀，克麗絲！這份工作／愛情／機會可能不是你真正想要的，但是至少它現在就在這裡／是有效用的／現在給你機會。能擁有這些，你就該心存感激了。你這樣的人還想期待什麼呢？」然而，每次只要我安於現狀，就會有極為擾亂不安的事件發生。那些我所選擇的選項，答應說好的事情，以及從事這份工作所帶來的好處等等，都會有所轉變。我那看似專情的男朋友會在共同朋友的面前揶揄我；從事這份工作最棒的優點，變得沒那麼優質，最後不復存在。過去這些事物曾經能滿足我需求的部分逐漸瓦解，不禁讓我開始認真檢視到底發生什麼事。

類似的事情可能也發生在你身上，你最後總是只能以低於原先預期標準的結果收場。我想說的是：請在更多事物上冒險和嘗試。宇宙中有股慈愛的力量會助你一臂之力，走向美好的事物，而且你可以放心跟祂合作。去冒險吧，你值得的。

如果你還是會問自己為什麼要浪費力氣去冒險，以下有幾個觀點供你參考。

高估了自己的現狀

「現狀」是指你當前生活的狀態，你就是你當前的狀態。你可以對自己現在擁有

一切存在的事物在某種程度上，都是成就未來事物的種子。

——馬可・奧理略／古羅馬哲學家皇帝

的一切感到感恩和滿意，我也鼓勵你這麼做，這並不表示你不能渴望更多。因為現狀＝相同，相同＝安全，安全＝無聊，安全＝不滿足，安全＝你的潛能擦身而過，安全＝相信自己不值得得到更多。不管你是誰，不管生活是什麼樣子，我很開心地在這裡與大家分享一個道理：還有更多美好的事物供你取得。

每一個推動文明進步的人，無論是在娛樂、藝術、政治、社會正義、科學、技術、經濟、哲學、農業等領域，起因都是他們認為可能還有別種可行的方式、有更好的方法。你也可以成為那樣的人。你想提升生命的本質嗎？或者認命接受自己一直以來無意識所創造的事物呢？你現在就有機會提升生命！

保持開放的心態會比封鎖自己要來得好

自我封閉就像住在籠子裡。每每遇到新的可能性，就一頭躲回籠子裡。然而，心態開放能讓人感覺輕盈、柔軟和自由，這不就是我們一直追求的感受嗎？即使可能性位在你目前的舒適圈之外，但是恐懼的另一面是興奮，那種興奮可以伴隨你朝著偉大的想法前進，這些偉大的想法之後再成為大型的顯化事物。

改變自己能創造他人的改變

隨著你自身的改變以及生活的改變，你的本質或能量場會轉變成一種強大的潛力。你就能成為繁榮、健康、活力和愛的活化身，無論走到哪裡，都能跟自己在一起，而且這能夠促成集體意識的轉變。想改變世界嗎？只要改變自己，你就能在場域裡創造變化，並影響每個人。當有夠多的人生活在這種狀態下，全球將發生根本性的正向轉變。一旦對症下藥，與你密切相關的親朋好友之間的關係也會開始轉變，獲得力量的人能給予他人力量，已經轉變的人會知道改變不僅是「有可能的」，實際上也是完全可行的。已經轉變的人也明瞭如何改變當前習以為常的生活，並為其他人創造美好的事物，而不僅僅只是為了你自己。只要活著，你就有機會成長。

我們比自己想像的要來得更偉大、更大膽、更有創造力。

——茱莉亞・卡麥隆／美國暢銷傳奇作家

活著就有機會成長

你的靈魂是為了體驗「成長」而降生於地球上，因此你再怎麼試圖維持不變，都無法成功。宇宙本身一直處於拓展的狀態。你有看過五〇年代的老電影嗎？我三不五時會重溫一下，而這些電影是當時流行文化、科技、信念和意識的典範。因此當知名導演葛斯・范桑（Gus Van Sant）決定於一九九八年，以完全複製大部分鏡頭的方式重拍經典驚悚片《驚魂記》（Psycho）時，我就知道本片不會成功，因為我們的生活模式早已大幅改變。范桑導演的《1998驚魂記》果不其然只是僵硬、做作又不恐怖的複製品。「走回頭路」通常無法創造出有意義的事物，因為這與能量的流向背道而馳。所以，既然我們是來體驗成長的，何不有意識地成長？若你不選擇主動參與，便容易覺得自己常面臨各種被迫要成長的處境。

無論意願如何，你永遠都受到宇宙法則的影響。如果你選擇主動跟宇宙合作，便能創造堅定的支持關係。

你當然可以獲得更多，而且感覺更好！

這大概是你打開本書的一大原因。你想要某項尚未擁有的事物，可能是新電腦、可觀的旅費、喜歡的工作或深愛的伴侶。吸引這些人事物進入生活是非常美好的事情，而你能否吸引成功端視你感到多幸福、快樂而定。一台新電腦有助你搞定工作，旅遊能讓你暫離繁忙的業務，好好充電，改善身心健康、提振精神；擁有合拍的伴侶則能讓你體驗到來自宇宙的愛。你之所以會想要這些人事物，都是想獲得它們能帶來的感受。能獲得想要的東西感覺很棒，而心情很棒的狀態下，每個人都能做出很棒的事。

大部分人在世上都只是生存，而不是生活。

——王爾德／十九世紀英國文豪

相信宇宙

我從未遇過不曾在生命裡經歷過失望的人。每當這種情況發生時，我們可能會對生命和自己缺乏信任。顯化有助於建立堅如磐石的信任，相信自己，才能創造更美好、更愉快、更有意義的生活。然後，你會對自己所理解的「更高層次力量」產生信任，並了解萬有之源確實存在，而且祂就在你身邊，聆聽你的聲音並提供幫助。這些協助改變了一切。

有個回憶對我來說記憶猶新。二十七歲時，我參加了一個研討會來改變無意識的信念，我們學習使用正向肯定語、觀想和自我催眠。儘管我從很小就開啟靈性之旅，但那時的生活對我來說並不順利——我失業，而且變得憤世嫉俗，甚至到了絕望的地步。

這股絕望將我淹沒很長一段時間，久到讓我決定尋找方法改變自己的生活。在工作坊裡，進行引導式觀想時，我開始意識到自己胸口有種感覺，對我來說既是全新的感受，卻又是相當熟悉的。這溫柔、甜蜜、包容的暖意蔓延全身，為我帶來深刻的醒悟，我開始哭了。我知道，自己是被愛著的——我耶?!我這樣子的人居然被愛著，實在是難以置信。這個帶著種種不安全感、錯誤和恐懼的我，這個四處失敗、一無所獲的我；這個老覺得自己永遠會是個怪人、壞小孩，也是最不可能成功的人，感受到了自己被愛包圍著。轉變就在那瞬間發生了，而且永遠地改變了我；我的腦細胞就像被重組了，而且在這之前的一切事物都停止了，我明白宇宙是確實存在的。這是一項真正的啟示。

身為一個無所不用其極，想要抓住任何有用的靈性解決方案的人，我要坦誠一件有點奇怪的事。在此之前，宇宙對我來說只是一個概念、一套想法，是一種建立在我接觸過、進而探索的根基上的心理結構。那些探索是出自其他人對更高層次力量的體驗而來，而不是我自己的。這種力量是我曾經希望祂存在的東西，但老實說，我不知道它存在，甚至也從沒對自己承認這一點，直到經歷了那個動人的時刻。

我在許多人的生命中，經常目睹疾病與健康、成癮與清醒、匱乏與豐富之間的區別，其中最大的差異正是這一點。內在的覺醒、揭露和靈性真理顯示出我們每個人確實都是被愛著的，我們從不孤單。

我棲居於可能性。

——艾蜜莉．狄金生／十九世紀美國女詩人

以你自己的速度和方式花些時間、精力來找到這一點，是很值得的，當然這也表示你需要冒些風險。你的顯化旅程始於與這股回應你的更高力量培養專屬的溝通力。你會藉由文字、感覺、心像和行動來傳達你是誰以及你想要什麼，而尋求引導、閱讀標誌和接收直覺信息是宇宙回應你的方式。因此，你不僅培養也擁有了最重要的關係，它既是你最真實的自我，也是萬有最高的力量。你會發現它們是相同且合一的。

你能夠創造自己渴望的事物嗎？

我們眼前存在的一切，都曾經只是一個想法而已。你行駛過的道路、居住過的房屋、昨晚看的那部電影、物種的進化等，都是內在所生且改編過的想法。

本書一開始只是一個想法，最終交由我去創作。本書最初的想法與我的想法不謀而合，這些想法與我的經驗、專業知識和智慧相結合，它們與我從其他人那裡學到的一切也相符合。之後，這些想法被付諸行動，也就是寫作和編輯。書寫下來的內容會傳達給讀者，這些人原本從未知悉這些訊息，現在，他們手上有了這本充滿希望的書。

一切可見的事物也都曾經是不可見的。創作過程是生命的故事，包含著生命的所有面向。單細胞生物最終成為複雜的個體，我們的內在都是從宇宙源頭而來的種子，你的內在有著想法的種子，正等待著迸發潛力，它們已經擁有內建的完美藍圖，只需要種植在肥沃的土壤中，給予水和陽光就能成長茁壯。這本書將幫助你弄清楚你的想法和欲望的種子。然後給你該有的心態、原則和做法，以創造滋養的條件，讓它們活過來。

首先我必須問：對你來說，什麼是可信的呢？我一直問自己這個問題，舉例來說，我是否相信一名九十歲的女性可以成為太空人呢？老實說，我並不相信。但是我為什麼會這麼回答呢？是因為我根據衰老、性別甚至美國太空總署的標準等過時的想法，才做出這個結論嗎？然而，如今有一些九十多歲的女性在寫小說、領導企業、教授瑜伽和在電影演出，她們為什麼不可能上太空呢？

成為顯化者意味著，超越你相信自己能力所及的可能性。這也表示你得改變自己

你越相信它，它就對你變得越發真實。這就是為什麼相信正向積極的事物是如此重要。無論你相信什麼，你都會發現自己是對的。宇宙會用某種方式向你展示你所相信的，如果你認為生活是美好的，那麼你是正確的；如果你認為生活是艱難的，那麼宇宙也會向你證明你是正確的。

——艾妮塔．穆札尼／暢銷作家

內心認為什麼是可能的。我不會花時間和注意力去改變前面對於太空人的想法，因為我並不是想上太空的九十歲女性。但是我改變過很多其他想法，因為這些舊有的想法影響了我創造自己想要的事物的能力。

生命會根據我們對它的信念而成為不同的樣貌。

顯化補給站

運用五種強大的方法迎向嶄新的一天

1. 喚醒你的能量。摩擦兩邊鎖骨的下方，鼻子吸氣，嘴巴吐氣，約兩分鐘。
2. 雙手高舉，上下跳動，並笑著說：「好的！好的！好的！（或是我願意。）」
3. 喝溫水加新鮮檸檬汁，同時加強你的健康和活力。肝臟也需要斷捨離。
4. 跟著鼓舞人心的歌曲一起哼唱。
5. 閱讀出自神聖或勵志來源的句子。

來到世上學習成長的我們

我們為什麼存在這世上呢？我想應該不是每個人都問過自己這個問題，也許你一生都不曾問過。有些人滿足於出生、長大、找個工作、擁有家庭，然後退休的人生道路，從來不曾想過：「為什麼是我？我為什麼出生？我來這世上要做什麼？」這當然是一種完美且成功的生活方式，有時候我也會希望自己仍是這些人中的一員。就像當我因迫在眉睫的最後期限而忙碌時，看到我那隻正在午睡的貓咪小玲，牠似乎永遠處在禪定的狀態。牠會睜開昏昏欲睡的眼睛，打個哈欠，看我一眼，神情始終如一，似乎在說著：「現在又出什麼事了嗎？」牠不知道「存在危機」是什麼，不知道在崎嶇的地形上走鋼絲的感覺；牠生活在「全然接受」和「生命的節奏」之中，因為在貓咪小玲的世界裡，每一天所發生的一切都是正確的。動物們都想通了，我卻還沒有。

謹記人生是個幻象……這是你的創作，你可以隨意拆除並重新創作。

——納內特・馬修斯（Nanette Mathews）／作家

我會因此責備自己：「為什麼我無法達到這個境界呢？我現在就可以淡出世俗生活，去修道場擦地板修行。」內心總有一個聲音不斷提出解決方案，要我將目前的生活拋在腦後，然後前往某個偏僻的地方從事某種與靈性有關的工作，例如在修道院花園裡挖馬鈴薯或擔任他們的洗碗工——要知道我可是非常討厭洗碗的，你就知道當時的我有多絕望了。說實話，我永遠不會安於簡單生活，大概只能在修道院待個幾分鐘，就會扯下樸素的長袍扔進火爐裡，大喊：「我要離開這裡了！」好在謝天謝地，我並不是生來就得乖乖接受別人認為我應該是什麼樣子，以及理想的靈性生活是什麼樣子。你也不應該照單全收。顯化最好的優點是，你會變得越來越像自己，甚至會以連你都感到驚訝的方式呈現。

我不再想方設法地逃避，我很高興自己的使命是釋放內在有意識的共同創造者、奇蹟接收者和頑皮的顯化者。畢竟，我從小就喜歡對重大問題進行深度思考，小時候我看過一本《國家地理雜誌》，裡面刊有銀河系的壯觀照片，我那時就心想：「我們是誰，為什麼會在這裡？」感謝老天讓我對尋找這些深奧問題的答案，產生了強烈的好奇心。在那些感覺自己很有力量的日子裡，當一切都順著我的心念運轉時，我會對「現狀」冷笑道：「來咬我啊！我來這世上不是為了跟風，我正在推動人類文明向前發展。歡迎加入我們。」

我不相信人類只是單純由細胞構成的有機體，也確信人類不是任由猴心（monkey mind）操控的一團混亂思維。不覺得這是一種解脫嗎？我還曾經認為自己除了嚴重焦慮和恐懼以外，什麼都不是呢。你必須小心這些負面念頭，因為它們很有說服力。但是，在我的內心深處，一直存在著一種更深層的認識，這不是從父母、學校或教會那裡學到的，而是它一直就在那裡，是一股溫柔的承諾和耳語，扮演著指南針或燈塔的角色，持續召喚我前進，超越自己的眼睛所見。

當我問自己為什麼會在此時此地，處在一個肉身裡，做著現在正在做的事，最適切的答案是顯而易見的，而且它們會從更具體的問題開始。

做什麼事會帶給我快樂？（終身學習、實現創造性項目、跳舞。）能激發我對生活產生熱忱和熱情的是什麼？（療癒、相信可能性、旅行。）促使我每天早上起床的動力是什麼？（我的職業／天命、樂於助人的願望、與我愛的人共度時光。）

相反地，如果每天我都是不情不願地起床，是出於什麼問題？（筋疲力竭、過度

我們必須願意放棄我們計畫好的生活，才能擁有等待著我們的生活。

——喬瑟夫・坎伯／美國神話學大師

安排、感覺受到誤解。）其他人身上什麼特質會讓我感到欣喜？（開放、有深度、值得信賴。）從事什麼活動能讓我體驗到比自己更偉大的事物？（祈禱時、身處大自然以及藝術、音樂和設計之美中。）

這些就是讓我的生命充滿活力和滿足感的元素：愛、目標、服務、擴張、幽默、連結、賦能、和平、美麗等等。你的清單可能跟我的相似，但每個人的答案同時也是獨一無二的。你的職業或想要創造的職業會反映出你靈魂的目的，而不是我的；你可能會在親近海洋時獲得令人嘆為觀止的體驗，而我則是在親近山林時體驗到。如果向一百萬人詢問前述的問題，我可以保證答案都可以歸類到我舉出的元素裡。這與國家、文化、信仰或宗教無關，因為這些元素是眾所皆知的真理，所有的生命都承載著這個記憶，我們永遠無法與它們分開。

只是，這些特質無法透過科學測試識別出來，醫生永遠不會告訴你：「對不起，但根據血液檢驗顯示，你的快樂程度很低。」我其實很希望有一天醫生可以主動跟病人討論這樣的靈性問題，因為正如我前面曾提過的，我們不只是細胞構成的有機體。把我們帶進診所或者破產法庭的原因，可能與靈性上缺陷有很大的關係。只要你的醫生或律師沒有解決這些缺陷，他們為你提供的解決方案可能都只是暫時的。為了療癒自我、讓感覺和生活變得更好，靈性原則和實際練習都是你最佳夥伴。與其指望你的醫生和律師來解決靈性問題，還不如你來當自己的靈性導師，這樣才有可能有效地顯化出幸福、健康的生活。

找出生命目的的幾個問題

1. 你相信自己身在此處的原因為何？
2. 什麼事物能帶給你喜悅？
3. 你興奮地起床，而且迫不及待開始新的一天，你覺得會是什麼原因？
4. 你遇到的人中，擁有什麼特質的人會讓你覺得對方很特別？
5. 是什麼讓生命有意義？
6. 是誰讓你的生命有意義？
7. 如果你的生命現在變得更有意義，你的感覺會是如何？
8. 描述讓你最受啟發的一次經歷。
9. 列出三個你認為是英雄的人。他們可以是藝人、名人、政治家、慈善家或歷史人物，並在每一個名字下方，寫下為什麼他們對你來說是英雄？他們擁有什麼特質呢？

透過這些答案，你能收集到很有價值的資訊，將幫助你設定一個更有靈感、更有意義的生活願景；當你繼續閱讀、探索和進行練習活動時，也請記住這些資訊。設定生活願景時，請把它想像成一張巨型的照片，你可以自由在畫面中放上喜歡的人物、場景、天氣或其他東西。

「它」是怎麼運作的，以及你如何稱呼「它」

有一種創造的力量，可供你使用。你已經在使用它了，無法關閉它，也無法停止它。這股力量創造了你，就像3D影像一樣，即使是最小的部分也包含了整體的完整性，你就是那個「最小的部分」。你也已經用它來創造生活的每一個部分。

它是創造所有生命的能量，是自存在之初就已形成的萬事萬物，也是一切可能成真的事物。如果存在開始之前有任何事物，它就會是其中一分子；它可能一直都是如此。它是無形的物質、是模具、是創造、是造物進化的每一步、是單細胞生物、是腸道內的細菌、是空蕩蕩的停車場中的一小塊透明玻璃碎片、是從花瓣上落下的一粒花粉。它是帝國大廈的鋼鐵、玻璃和藍圖，裡面的人和一切事物都是它，每張紙、每把桌椅、地毯上最小的纖維，在空氣中不為人知地盤旋著，這股力量與環繞著土星的土星環是相同的，一種千變萬化而且已經分化成六萬多種樹木的力量。

它曾經構思過的每個想法，那些實現了的想法，還有從來沒實現過的。光、振動和聲音的粒子能以各種形式出現。它不斷地創造，這就是它的作用。這種力量就是量子物理學家所說的場域（the Field）和神學家所說的上帝，你可以隨心所欲地稱呼它。

只要了解這個領域、這種力量、這種創造性表達是無所不在的，它在你之內、在你生活中所有有成效或無成效的地方。你投注在思想、感覺和信念的力量，會生成一種影響你的生活各方面的主要意識，你種了什麼瓜，就得什麼瓜。我將告訴你如何與這種力量一起合作，創造出能夠讓你開心高歌的生活。有時候，合作起來會像是在為一匹頑強的野馬套上韁繩，有時候，你會心甘情願地臣服於它。你將有意識地與萬有的創造者一起工作，它是一種無所不知的力量，比你更了解你自己。

等你了解這一點再來創造時，成效可不僅侷限於物質層面，你所不知的內在才能和優勢顯露出來。一旦你對自己、對自己的價值以及成為更真實的自己的能力，產

向內詢問，而不是向外，詢問內在：我現在希望體驗自己的哪一部分？我選擇召喚存在的哪些方面呢？因為所有生命，都是為了你所創造的事物而存在的工具，所有的事件的呈現都是你決定和成為你是誰的機會。

——尼爾・唐納・沃許／「與神對話」系列作者

生了深切的信念，就是對更高層次的力量產生信念（它一直支持你、引導你和愛護你），你會意識到自己從來不曾真正的孤獨過。

在本書中我將使用「宇宙」一詞。根據經驗，這個詞似乎是最少引發異議的，它很科學、很中性，內涵寓意包羅萬象，而且也比使用「你所理解的更高層次力量」這個詞要短一點。然而請記住一點，「你所理解的更高層次力量」仍是我所要表達的意思。當你在這本書看到宇宙兩個字的時候，可以隨心所欲在心裡換成任何一個對你來說有意義的詞。如果你打開本書之前，就已經懷抱著對更高層次力量的深切信念，請盡情使用能幫助你感受到與它連結的稱呼。

如果你想稱之為「上帝」，這也是很美的稱呼。然而，對某些人來說，「God」這個字眼具有負面含義，因為現代人常用來咒罵。也可能是因為你從小就被教導要「敬畏上帝」，因此，上帝這個詞讓你感到戒慎恐懼，那麼就不適合你用來指稱更高層次的力量。如果你的信仰中有神祇，那麼就採用那些神祇的名字吧。如果你的生活大都很靈性，那麼，請採用以前使用過的名稱。如果你還是不確定該怎麼做，希望保留一點彈性，也可以嘗試不同的稱呼，看哪個適合你。

對於大部分的人來說，高我會是一個很好的選擇。什麼會讓你感受到被愛包圍呢？靈性、源頭、生命、神聖的愛、本質、永恆、偉大的、主、天父、神聖母親

（Divine Mother）；我還有朋友稱之為隱形治療師，還會用這個詞發誓。如果你自認很大膽，那就自己想個名稱吧。隨著你與更高層次力量的關係增長，你使用的術語就會變成了一扇連接之門、祝福之門。請為那扇門塗漆、裝飾和貼上標籤，讓它對你很有吸引力。

多年來，在嘗試了一系列不同的詞彙後，我最終回來使用「上帝」一詞，這讓我感到非常驚訝。我這個徹頭徹尾的靈性叛逆分子，竟然對梵天、婆羅門等異教稱呼沒有感覺，而是上帝？然而，上帝一詞確實是對我有用，因此了解到這個詞本身不需要改變，是我得捨棄自己舊有的限制和想法，例如祂傳統上的形象。一旦我對上帝的想法與我直覺上理解的靈性真相產生共鳴，我就擁有了需要的那扇大門。我喜歡「上帝」一詞是因為它無處不在，在保險槓貼紙、廣告看板、期刊封面和平時的對話中。我感覺到自己與我所理解的更高層次力量有所連結——以及與其他人的連結，無論他們是誰。如果這個稱呼能幫助我愛所有人，那麼，這的確就是上帝應該做的事。

生命熱衷於奉獻，我們必須接受、使用和提供這份禮物；成功和繁榮是屬於所有人的靈性素質。

——歐內斯特．霍姆斯（Ernest Holmes）／知名宗教心理學權威我不在意你怎麼稱呼，只在意你是否有呼喚祂，因為「宇宙」一詞可能會讓人覺得非常沒有人情味。專注於你想要的，並創造出能支持想要事物的感覺，專注在美好的事物上，美好的事物就會顯現，這適用於每個人。而且，不只是適用，無論你是否願意，宇宙已經在這裡了，祂在你體內，也圍繞著你。你和地球上的其他人都可以與祂一起創造我們想要的事物，當你知道祂是如何運作的，祂就起作用了。

但我不建議將宇宙變成你的個人隱形自動販賣機。為什麼這麼說？你是否曾買到一件完美合身的衣服，譬如說一件超棒的夾克，每次穿上它都讓你覺得自己美極了或帥呆了，你愛死它了，根本不想再買其他夾克……但也許沒隔幾年，某天你就用同一件夾克幫玩得髒兮兮的愛犬擦乾身體。又或者你是一個藝術收藏家，多年來，一直在網路上搜尋某位著名藝術家的限量版畫作，最後它終於屬於你了。你將其裱框之後掛在家裡最顯眼的位置，但很快你變成視若無睹，連看都不看它一眼。

物質很美好；渴望得到它是好的，得到它也是美好的。然而，它們給我們的正向感受是暫時的，畢竟，它們只是物質。你的欲望不斷進化，因為能量一直都在進化。你可以運用本書提供的訊息來獲得你想要的，只是不要因此在這裡逗留，請讓這些訊息告訴你如何愛上自己和生活，然後全心全意地愛它。

我邀請你透過這項創造，來對宇宙表達深深的敬畏和尊重。

想想你在這世上最愛的人，你可能已經把他們的照片設成手機桌布，只要拿起手機你的嘴角都會泛起微笑，家裡肯定也有他們的照片。光是看到他們的名字就讓你揚起一股很特別的感覺。與生活中其他親近之人的談話中，你也會提起他們最新的消息。也許你每天都為他們的幸福祈禱，他們填滿了你的意識，你也在自己的頭腦和心靈中賦予他們寶貴的重要性。

這就是我希望你與宇宙建立的那種關係，這種愛是完美的愛，這份愛是永恆的。這種愛現在就是你的愛了。

如何使用本書

本書囊括了理論、哲學、故事、原則、技巧和實作練習。我已盡可能地按照順序撰寫這些主題，以便你能夠輕鬆地找到並複習所需的部分。我也鼓勵你從頭到尾按順

我們在思想中構建了稍後會在物質層面中顯化的條件。

——埃米特．福克斯（Emmet Fox）／愛爾蘭新思想運動精神領袖

序閱讀本書，以便對所包含的內容有個概括性的了解，並記下那些啟發你和挑戰你想法的資訊。

顯化補給站

來自神聖源頭的十三個深具啟發性的金句

1. 「我們看見自己的所作所為，我們自己也就是我們所見之物。（譯注：指我們的所見會塑造我們）」——《薄伽梵歌》
2. 「就像雨水沖破破爛的茅草屋一樣，熱情也能滲進未開發的頭腦中。」——《法句經》
3. 「熱心捐助的人會不斷努力增加收入，如此這般才不會讓他們在做慈善時發現困難處。」——《吠陀經》
4. 「你想什麼，就成為什麼；你感覺什麼，就吸引什麼；你想像什麼，就創造什麼。」——佛陀

5.「遠超你的智力，遠超你能理解的事物，是取之不盡的知識、財富、續航力、力量、平安和喜樂。不要用你的智力去為上帝尋找祂所示現的答案。一切都是上帝。」——維什努德瓦南達．薩拉斯瓦蒂（Vishnudevananda Saraswati）／印度瑜伽大師

6.「我知道我向你們所懷的意念是賜平安的意念，不是降災禍的意念，要叫你們末後有指望。」——《聖經》．〈耶利米書〉29：11

7.「你們要給人的，就必有給你們的，而且用十足的升斗，連搖帶按，上尖下流地倒在你們懷裡，因為你們用什麼量器量給人，也必用什麼器量量給你們。」——《聖經》．〈路加福音〉6：38

8.「我的佳偶，你全然美麗，毫無瑕疵。」——《聖經》．〈雅歌〉4：7

9.「但忍耐也當成功，使你們成全、完備，毫無缺欠。」——《聖經》．〈雅各書〉1：4

10.「你們祈求，就給你們；尋找，就尋見；叩門，就給你們開門。」——《聖經》．〈馬太福音〉7：7

11.「你們這小群，不要懼怕，因為你們的父樂意把國度賜給你們。」——《聖經》．〈路加福音〉12：32

12.「從做必要的事開始，然後做可能的事，突然間，你已經在做不可能的事。」——

聖方濟各

13.「無論發生什麼都是好事。」——《塔木德》

開始將這些原則融入生活中，從小處開始訓練你的顯化能力，一旦小事開始顯現，就能再選擇生活中的某個領域來操作。請安排時間來做這件事，你甚至可能想要找個也願意創造自我改變的顯化夥伴，在這條道路上彼此支持。或者找個夥伴負責督促你完成特定任務，你必須定期與他們聯繫，告知你是否完成預定的事項。你甚至可以組個讀書會，大家一起學習顯化法則和實作練習。我最喜歡團隊合作的一點是，你在遭遇困難時能獲得支持，在取得成功時獲得慶祝。慶祝的感覺真是好啊！

請買一本便宜、厚實的筆記本，有格線或沒格線皆可。市面上有許多設計精美的筆記本，但也正因為太美了，所以才會招來壓力，大家都不太敢在上面寫東西。請注意，你需要的筆記本，是一本可以讓你塗鴉、盡情發洩心情、撕掉、弄皺的筆記本。你將在裡面記錄生活中的實驗情形，失敗和成功的經驗都要記錄，同時一一記下你的想法、夢想、正向肯定語以及詳細的心路歷程。讓筆記本成為承載所有一切的方便容器吧。

並非所有實體練習都適用於每個人。但每位讀者都可以運用本書內容，過上更神奇、更有意義、更神奇的生活。興高采烈的幸福喜悅正等著你。

準備開始

初學者的頭腦和專注聚焦的力量

你可能是第一次接觸到「顯化」的概念。近年來，過去曾被視為神祕難解的知識，已經慢慢在主流文化中開花結果。許多電影、脫口秀和書籍在在鼓勵我們創造出自己理想的生活，就連社群媒體上也常看到各種勵志語錄，像是「你在想什麼就會吸引什麼」、「持續給予善意，你會收到意想不到的回饋」。

也許你已經嘗試過有意識地進行創造。無論結果是什麼，從驚人的成功到一無所

上帝是永恆完整的，祂指引著星辰，祂是命運的主宰，祂將人類從卑微之處提升到祂自己，祂從宇宙對每個靈魂所說的話，是完美目標最輝煌的顯化。

——阿德勒／奧地利精神病學家

獲，我都會鼓勵你回到初學者的心態。這使你能夠接受與以前學到的想法可能不同的新想法。初學者的頭腦是好奇的、興奮的，並準備開始或重新開始。

專注聚焦的力量

顯化的一個基本原則是，我們會創造出更多自己所關注的事物。即使知道這一點，你可能已經注意到，比起將注意力集中在似乎遙不可及的事情上，去注意眼前的問題反倒容易許多。這是人的本能，純粹的生物性。因為人類的身心系統是為了生存而設計的，不一定對個人的繁榮興旺有助益，只要能繼續呼吸、活動和進食，我們繁殖的機會就會增加，我們的物種就能夠延續下去。幸運的是，有許多人生活在物質條件不是問題的地方和文化中，然而你的身體系統並不了解這點，不知道每個角落都有一家星巴克，等待著為你那渴求咖啡因的身體服務，它不在乎你的靈魂滿足與否，它相信你的需求無法在每時每刻都得到滿足，它希望你能意識到這一點，這樣它就心滿意足了。

因此，一旦我們帳戶中沒有足夠的錢能支付即將到期的帳單，那麼人類的求生機制就會被啟動。從理智上來說，你當然知道延遲付款不會害自己立刻自燃毀滅，不幸的是，我們人類的身體系統並不是為現代生活而構建的，因此無論多麼努力，你都無法停止思考：「天啊！一星期後薪水才會入帳，但是我手上已經快要沒有錢了，我會因為遲繳帳單而被懲罰！」這些想法可能會激起你內在一些不舒服的感覺，比如羞恥、內疚甚至焦慮，你感到厭倦而且不想再經驗任何其他事物。

欠缺、匱乏，當生命向你展現這些「不夠」，你就很難專注於其他任何事物。

讓人心煩意亂

在「注意力缺失症」（ＡＤＤ）這個名詞或定義還沒有出現之前，我就是患有這項症狀的孩子。每天晚上，我都會在餐桌旁坐上幾個小時，努力完成作業，但思緒卻在一個又一個念頭之間跳來跳去，而這些念頭幾乎都與眼前的作業無關。我很容易做白日夢和注意力飄散，尤其是在感到無聊的時候。後來在靈性之路上，我可以輕易地

我們就是我們反覆在做的事。因此，卓越不是一種行為，而是一種習慣。

——威爾．杜蘭／美國知名歷史學家、哲學家

走跳在寫書、當老師、哲學研究之間，我也徹頭徹尾地成了一個工作坊迷，因為專注在一項事物上對我來說實在是個挑戰，所以一直在追逐下一個閃亮的新目標。

顯化需要兩種聚焦的方式：

1. 一段長且專注的時段：請預留一個小時或一個空閒的下午來處理一個或多個實現目標的過程。
2. 微少的劑量：每天兩次或更多次，暫停下來，花個一到十分鐘集中注意力地進行顯化。

大部分罹患注意力缺失症的人都有個祕密，就是我們可以在一段時間內高度集中注意力，即使隔壁的建築物失火了，我們也聽不到警報聲、聞不到濃煙。當我全心全意投入眼前的事物時，可以堅持很長一段時間並完成很多工作。但是，我發現方法二要有效得多。對於一個超不喜歡被打擾的人來說，這個發現讓我感到驚訝。然而，幾次集中式的爆發，會使顯化變得更快、更容易，而且這些小爆發的時間加總起來都沒超過我過去每周的長時段聚焦。

定期進行顯化能讓我們重新為自己編寫取得成功的程式。要採取長劑量還是微劑量方法，可能要看你正在執行哪項練習，因為沒有人能在五分鐘內創建完一個願景板。然而，一旦願景板完成了，每天微量地讓「夢想版發揮成效」會是個好主意。

當今的科技時代，似乎在每個人身上觸發了類似注意力缺失症的症狀。隨身攜帶的智慧型手機讓大家可以隨時瀏覽新聞、跟遠在地球另一端的朋友聊天、申請工作、分享度假美照或回覆電子郵件，我們也會收到即時的回覆，而大腦也對這種立即性上癮。手機早已悄悄入侵電影院、餐廳甚至是我們的臥室，因此要討論專注這個主題，當然也得聊聊手機所扮演的角色。

讓智慧型手機助你一臂之力：設定界限

你在試著念誦正向肯定語、冥想或觀想自己邁向光明的未來時，如果注意力時不時會飄向手機，這些顯化練習會無法發揮該有的功效。這時我建議你這麼做：

1. 關掉手機：我知道，這麼做對你來說就像是世界末日一樣，大家聯絡不到你怎麼辦？如果你真的需要知道任何事情，請相信宇宙會給你提示；我就曾經在冥想中聽到神性的輕喚。一旦你隨著能量之流在過生活時，一切都會在最適當的時機到來，因為你擁有內在接收器，可以隨時接收宇宙所發送的訊息。這也是人類早在手機出現前的好幾個世紀，就在使用的東西。關掉手機有助於伸展你的直覺肌肉。

除了在練習的時候關掉手機，我也建議你和朋友吃飯的時候關機，晚上睡覺時也請關機（無論是每天或者是盡可能做到都可以）。有次我告訴朋友自己會這麼做時，她嚇呆了：「萬一遇到緊急情況又聯繫不上你怎麼辦？」我告訴她，我活到三四十歲，從來沒有遇到任何在凌晨三點發生的事情，會因為等到早上七點才得知而造成重大危害的。當然，在某些特殊情況下，你可能會需要改變一下原則，像是孩子第一次在外過夜，或者親人生病住院等；但是，請確保原則的改變是暫時的。

一旦養成定期關機的習慣，即使只是十分鐘，我保證都能讓你鬆一口氣。「關機」會向大腦發送信號，請大腦停止專注在手機上，否則，你總是會有某部分意識在等待下一次手機的提示鈴聲響起。定期關機的習慣適合所有人，因為你會需要挪出能量來創造理想生活。

2. 變更3C產品的通知設定：我固定參加的某個年度會議，近期已轉為網路線上會議。我們的技術人員是一位受人尊敬的同事，總是能提供有用的建議。他建議關閉電腦的通知設定，除了避免在會議上分心，也可以避免分享投影片畫面時出現尷尬時刻——大家正聚精會神看你的投影片，突然畫面上彈出一條私人訊息。這真的是非常有用的建議，我關閉了電腦上的所有通知設定，也對手機做了同樣的事情，並讓它們保持關閉的狀態。

運用手機特色當作你的優勢

1. 計時器：嗶嗶嗶——現在是顯化練習的時間！設定鬧鐘，提醒你重複念誦正向肯定語或進行其他顯化練習。建議每天設定在相同的時間區段，或者設定在早上你比較不忙的時候，這樣才能獲得最大的成效。你也可以使用馬錶功能來追蹤自己練習了多少時間。

2. 相機和相簿

● 拍下能夠激發你想要體驗某種事物的感覺的照片，可能是每每鼓舞你的畫面，像是熾熱的日落、盛開的花朵、天空中清新的雲朵等，我的手機裡都是這樣的照片。你可能會發現一些特別的場景，讓你感到平靜或喜悅，請敞開心胸地與周遭的世界互動，並四處尋找靈感。關鍵是，不執著你認為自己應該受到什麼事物啟發，而是找到那些真正能對你產生正向影響力的事物。我拍過的照片還包括城市塗鴉、成堆的枯葉和溫哥華垃圾回收箱。走在風景優美的路徑上，當然很有機會遇見獨特的景象，但我們定期前往超市採購的路途上也是如此。我特別喜歡在超市的生鮮蔬果區和花卉區逗留，細細品味它們的顏色和紋理。

- 不喜歡拍照嗎？歡迎使用谷歌（Google）圖片和其他搜尋引擎，以你想要顯化的主題進行搜索，像是「真愛」、「高級金融職業」或「健康的身體」，看看會出現什麼結果。再來是使用感受性詞彙搜尋，如自由、豐富、熱情、和平。最後，找一個已經成功顯化你所渴望事物的名人。請帶著玩遊戲的心情找尋這些資訊，並且玩得開心，只要看到自己喜歡的圖像，就趕快存到你的手機裡。

- 在手機裡建立一個文件夾，並以廣泛的主題（例如「顯化」）或你的特定目標為其命名，建議以「我（的）」來開頭，比方說「我的理想關係」、「我快樂的身體」或「我的財務自由」，然後存入那些鼓舞人心的照片。接下來，存入家人、朋友、寵物、社交活動等當前生活歡樂元素的照片。你把「是什麼」與「將會如何」的影像混在一起，就會向潛意識發送強而有力的訊息。

- 運用圖像幫助你聚焦在想要的事物上，不要只是隨便地瞄一眼而已，要去「體驗」它們，仔細觀看顏色，注意細節。你最喜歡每一個影像的什麼部分？是玫瑰花裡的粉紅色陰影、你的配偶因驚訝所浮現的傻笑，還是太陽如何照亮了草地上的綠色？

● 我也要請你這麼做——

* 在任何等待的空檔，例如等待線上或實體客服、在商店排隊結帳，或者是塞車時，我會利用這些時間來培養積極向上的感覺。
* 使用洗手間時。是的，你沒看錯，反正這段時間你就是得坐在馬桶上，不妨集中精力做些練習吧。
* 早上起床和晚上睡覺前的第一件事，就是練習。這需要一定程度的自律，請認真專注在你存的圖片，不要分心去滑社群媒體或看電子郵件，因為這麼做很有可能會擴展你不想體驗的感覺。
* 將它們展示給（值得信賴的，且支持你的）朋友看。顯化是一項細微精妙的任務，你正在建立對自己、可能性和生活本身的信心。請做出明智的選擇，

成功的戰士是具有雷射般專注力的普通人。

——李小龍／國際武打巨星

挑選一位相信你、思想開放、絕對願意看到你成功的人，你們一起一張一張地瀏覽圖片，說出你喜歡畫面中的什麼，以及它們給你的感覺。邀請對方也分享想要實現的夢想，希望和熱情會因分享而以驚人的方式翻倍成長。

3. App的力量：幾乎所有主題都有App，當然也包括顯化。有很多App是免費的，而且大多數都很便宜，還包含免費試用期。請用關鍵字在App商店裡搜索：顯化、吸引力法則、正向宣言、願景板、感恩、積極、新想法、靈感，甚至是目標計畫也可以。我擁有第一部智慧型手機時，下載了許多相關主題的App，發現它們不只富有創意還很有趣；現在市面上的選擇也更多了。

其他強化專注力的方法

1. 健身：特別是在早上進行；讓血液更快速地流過靜脈，讓思緒清晰。
2. 花時間處在大自然中：待在大自然裡可滋補元氣，不只清除精神上的雜亂，也讓我們的能量往下扎根。請盡可能脫掉鞋子，赤腳接觸地面。我每天散完步，都會架起露營椅，脫下運動鞋，休息一下，並將我的能量與地球連結起來，至於時間的長短則取決於天氣。步行和接地扎根，都加強我思緒的清晰度和注意力的集中度。

3. 睡眠：睡覺是一切的根本。它影響日常生活中最重要的幾大層面，包含情緒健康、體重管理以及思考能力。請把如何讓自己睡得又深又穩、補充活力當成優先事項。

4. 限制咖啡因的攝取：大多數人認為早上喝咖啡可以增加注意力，但事實上，各種興奮劑都會讓你更加分心，思緒雜亂無章。

5. 補充水分：每一次改變自己的想法和感受時，你都是在轉移能量，因此，請多喝好水以補充水分。

你可能已經注意到這些方法都跟身體有關。我堅信我們是有靈性、有創造力、強大且潛能無限的存有，正在體驗「人類」的經歷。當我們讓自己的身體與靈性領域的努力（包括顯化）保持一致時，一切都會流動得更順暢。

當你進行顯化的時候，越是專注越能帶來明確的結果，因此提升專注能力將會提升你生活中的每一個領域。你會有額外的時間，完成更多的工作，並且擁有成就感。滋養那股成就感帶來的能量，會吸引越來越多相似的能量進入你的體驗中。你很快就會有機會做這方面的練習。

測驗：你是哪一種的顯化者？

不論你是否知道，但其實你每天都在顯化。問題是，你是否顯化出自己渴望的事物了呢？請做以下這個測驗，看看是否不小心掉入哪些自己所不知道的陷阱。

回答題目時請誠實，唯一能看到答案的人只有你自己。如果覺得有好幾個答案選項都想選，請選你心中浮現的第一個想法，這會是審視你潛意識和信念的良好指標。

1. **聽到有個非常符合你的興趣和技能的新職位，你的第一個反應是：**

a. 只有＿＿＿＿＿＿（漂亮小女生、老闆的寵兒、男人、年輕人、學歷更高的人等）才能得到這個缺。

b. 如果我做這份工作，我只會把它搞砸。

c. 這絕對是我的夢幻工作，有更多的薪水，在公司裡的能見度也更高。但是如果工作時間變得更長怎麼辦？或是我跟不上工作進度？但也許我可以？我不知道。

d. 我可以想像獲得這個職位會有多好。

e. 我有這些技能，我現在就開始實施顯化計畫。

2. **不愉快的事情突然發生時：**

a. 我一點也不驚訝，畢竟這個世界就是這麼爛，有什麼好期待的？

b. 我會責怪自己。這一定是我造成的，因為事情發展從來不曾對我有利過。

c. 我會覺得心情很糟，但試圖說服自己轉念，並反覆思索它對我的意義為何。

d. 我會忽視自己的不開心，知道事情發生一定是有原因的。

e. 我關注情緒，允許它們流動，並在需要時進行處理，然後重新專注於我想要的和不想要的。

3. **你有個新的創業發想，接下來會發生什麼事呢？**

a. 我立刻就放棄了，畢竟目前的大環境很糟糕！

b. 我想起自己過去所有的失敗經驗，如果這次也是該怎麼辦？還是別再嘗試比較好。

c. 我立刻開始在網路上研究，但是一了解創業失敗的機率，就放棄了。但是接下來的一年裡，我的思緒會一直在這上面打轉，猶疑有沒有可能成功。

d. 我想像經營自己成功的事業感覺會多麼美好，並認為自己是個贏家，告訴朋友我有多喜歡這個點子。只是我不會進一步採取行動。

e. 我開始想像這項事業會是什麼樣子，並確信它會發生，然後開始研究，快速找到合適的資源並祈禱，以及尋找神性時機的徵兆。我得到了一個有希望的線索，我會採納並繼續進行。

4. **你的父母／主要監護人的人生觀是什麼？如果你在雙親家庭中長大，他們持有不同的觀點，請依據擁有主導地位的照顧者的觀點回答。**

a. 這是一個不公平的世界，你要習慣它。

b. 你／我永遠不可能做對任何事。

c. 你不確定他們是如何看待生活的，你接收到了很多混雜的消息。

d. 他們戴著粉紅濾鏡過生活；忽略壞事發生的同時，會去尋找美好的事物。

e. 不太記得了，因為你都專注於自己的觀點和信念，而不是他們的。

5. **你想培養一些健康的習慣，對此，你對自己有多少信心呢？**

a. 完全沒有，何苦呢？

b. 不太多，因為我過去紀錄不良。

c. 有一些信心。

d. 我會想一下！

e. 我做得到。

6. **你的朋友提到一直想去巴黎旅行，想要開始規畫行程。剛好你也對這個城市有興趣，但是據你所知，她的財務狀況並不理想。你會如何回應呢？**

a. 什麼都不說，因為我知道她去不成的。

b. 什麼也不說，因為我不想讓她先抱著希望之後又失望。

c. 我會鼓勵她，然後再問她一些問題，像是：「你要怎麼負擔旅費？」

d. 你告訴她你知道她辦得到，一切皆有可能！但心裡不認為她最後會去成。

e. 你詢問她是否願意讓你同行。你也開始觀想理想的住宿地點、完美的天氣和歡樂的時光，然後告訴她，兩個人都去開立各自單獨的儲蓄帳戶，每個月都存入固定金額當作旅費。

7. **「我覺得一切都是有可能的」這句話對你來說有多真實呢？**

a. 百分之九十九不真實，這怎麼可能啊？

b. 對其他人來說很真實，對我不是。
c. 一半的機率。
d. 百分之百真實啊！我只是沒有證據可證明。
e. 當夢想與支持性信念、鼓舞人心的行動、平衡的能量和靈魂的目標一致時，幾乎都是正確的。

8. 你最近一次收到自己最想要的事物（例如一個機會、禮物、服務），是什麼時候呢？

a. 什麼意思？
b. 我不記得了，但是我有送朋友他們想要的生日禮物。
c. 我想是六個月前或更久以前，不太確定。
d. 最近沒有，但是隨時都有可能發生。
e. 少於六個月。

9. 如果你揮揮魔法棒就可以完成一些事情，你的選擇會是什麼？

a. 終結被邊緣化的人（有色人種、女性、動物）所面臨任何可怕且不公正的待遇。

b. 幫助自己社區中沒有足夠食物可吃的人。

c. 有太多的選擇，這題好難做出決定！

d. 世界和平。

e. 創造每個人都能生活的世界。在這個世界裡，所有人都安全、健康、繁榮、被愛、被接受並可以自由成為他們真實的自己。

10.

你受邀參加一個慶祝型的社交聚會，你的第一個想法是什麼？

a. 那裡可能沒有我認識的人，不知道多快可以告退離開，也許我不該參加。

b. 我希望在場的人會喜歡我。

c. 我思考了五個應該參加的理由，也想了五個不該參加的理由。

d. 哇，那一定很好玩。

e. 你仔細想了一下希望在聚會時發生什麼好事。這可能是一個感受快樂並結交新朋友的好機會。

11.

你花多少時間在回憶過去呢？不管那是幾十年前的往事，還是昨天的事。

a. 經常，因為生命中有太多不公平的事了。

b. 經常，因為生命中有太多的遺憾。
c. 我的想法無處不在——在過去、現在和未來反覆遊走。
d. 不多，我思考的主要是未來。
e. 看情況。如果是清理舊記憶和舊信念，我會專注於過去；我用「現在」專注於自己所希望的未來。

12. **你的同事對你大發雷霆，你如何看待這件事？**
a. 完全不理會，去他的！（但是你的情緒為此沸騰了好幾天，同時一直在想要如何報復。）
b. 非常介意！為了彌補我做錯的部分，我願意做任何事。（然後花數周時間，小心翼翼與對方相處。）
c. 大概是對方個人的問題，但也許我真的做錯什麼事才會惹到人？（你在自己腦中一遍又一遍地爭論這點。）
d. 一點也不介意，我會送對方愛、送她光！（你無視自己的反應，而且還表現得特別友善。）
e. 每個人都有自己的經歷，對方當然也是。我稍後會跟這位同事聯繫，然後放下。（尋找慈悲心，解決它，然後釋放。）

13\. **夢到自己和一位神祕伴侶墜入愛河後，你從夢中醒來，心裡會想：**

a. 這只是個夢，夢境沒有任何意義。

b. 這不可能發生在我身上。

c. 夢境有任何意義嗎？或者是沒有意義的？我也不清楚。

d. 這是個好徵兆，我的愛情要降臨了！

e. 我要好好品味這甜蜜美好的感覺，並且知道我的愛情要降臨了。

14\. **你的靈性動物是什麼？**

a. 烏鴉

b. 驢子

c. 水獺

d. 蝴蝶

e. 老鷹

15. **有個親戚非常喜歡踩你的地雷、惹你生氣，但是明天你會見到他，你會怎麼做？**

a. 取消行程，我不想經歷這種戲劇性場面。

b. 責怪自己。

c. 花一整晚思考是否要跟他見面，並且詢問每個人的意見。

d. 當然去啊！沒事的，我們都是上帝的子民。

e. 觀想自己希望這一天能怎麼度過，並確信自己會覺得愉悅。

16. **你心愛的某個人因感情問題而傷心，你會怎麼做？**

a. 帶著冰淇淋去找她，並分享自己前任五個令人震驚的故事。

b. 去找她，並花上一整晚為她的遭遇感到抱歉，好像是我做錯了什麼事。

c. 去找她，但是無法決定該怎麼做才好。是要把人拖去參加派對散心，還是安靜陪伴並遞衛生紙給她？

d. 去找她，並告訴她這是最好的安排，一切的發生都是有原因的，而且她是如此美麗。

e. 先獨自為她祈禱，並傳送愛的能量給她。然後去找她，握著她的手、聆聽、展現你的同理心，並提醒她這一切會過去的。

17. **周末你沒有特別的行程，你會如何度過呢？**

a. 在社群媒體上追蹤以前朋友的動態、查看新聞時事，並看幾部恐怖電影。
b. 試著隨便找個人出來閒晃。
c. 花一整個星期六來決定周末要做什麼。
d. 在公園丟飛盤，認識新朋友，並聆聽愉快的音樂。
e. 我用早晨的靈性練習開始新的一天——聚焦在我想要怎麼感受這一整天，並選擇相關的練習來協助我達成。

18. **當你在團體中和不熟識的人進行對話時，會有什麼樣的反應？**

a. 我會保持沉默，因為不知道他們是否值得信任。
b. 我說得不多，因為不希望自己聽起來像個呆子。
c. 由於很緊張，所以我的話一開始很多，後來就轉為沉默並觀察大家對我的反應。
d. 我幾乎讚美了每一個人，並分享自己很興奮能夠與他們交談。
e. 我對所聽到的內容持開放的態度，如果出現任何引起我共鳴的話題，我會分享我的見解。

19.
在車陣中被人超車，你的反應會是什麼？

a. 咒罵對方，狂按喇叭，追上那輛車且緊跟在後。
b. 感到退縮，可能是我開得太慢了。
c. 心慌意亂。
d. 忽視自己狂跳的心臟，努力傳送光和愛給對方。
e. 他們可能急著趕去醫院吧？深呼吸，讓我的情緒釋放出來，並肯定地說：「我是安全的。」

20.
你在面對選擇時，通常會發生什麼情況？

a. 想像最壞的情況並忽視它，直到它消失為止。
b. 選擇最安全／最不可怕的選項。
c. 你有選擇困難。
d. 立刻做出選擇，反正都行得通。
e. 先透過內在指引查看後，再隨之行動。

21.

看完一部令你感動的電影之後會發生什麼情況？

a. 立刻忘記，畢竟那只是一部電影。
b. 懷疑自己身上會發生任何好事，因為這是電影裡才有的情節。
c. 試著再找其他電影來看，實在是太多選擇了。
d. 聚焦在所有我喜歡的美好事物上。
e. 檢視它更深層的含義，藉由想像重溫我最喜歡的場景。

22.

你的注意力通常放在哪裡？

a. 過去發生在我身上的每一件事。
b. 我過去所做錯的每一件事。
c. 我的注意力四散。
d. 未來。我的未來是多麼的耀眼，耀眼到我必須帶上墨鏡。
e. 用當下創造美好的未來。「當下」給我重要的訊息，讓我知道自己真正渴望的是什麼，也讓我知道需要釋放什麼，才能得到自己所渴望的事物。

23.
「我通常很清楚自己的感覺是什麼」，這句話對你來說有多真實？

a. 是的，有夠悲慘。
b. 是的，我是隱形的。
c. 不是，我的情緒轉變快速，連我自己都跟不上。
d. 當然啊，生命是美好的，有什麼是不能愛的？
e. 我花些時間記錄我的感受，因為知道它們在指引我該往何處去，以及什麼地方不要去。

24.
當你做白日夢時，主題通常是……

a. 復仇。
b. 一個落難少女被拯救了。
c. 就像切換不同電視頻道那樣跳來跳去。
d. 每個人都愛我。
e. 我有意識地指引它們到我目前正在創造的事物。

25.

你對設定五年計畫的想法是什麼？

a. 我不會思考超過下周的事。

b. 它們讓我很傷心。

c. 為什麼是五年？為什麼不兩年或更多年？

d. 我和夢想伴侶深深相愛，我擁有可觀的巨額財富，並且住在遊艇上。

e. 我為生活的各個面向寫下自己的目標，並開始顯化它們，甚至也留了空間給其他更美好的事物。

26.

你通常對科技發展有什麼樣的感受？

a. 機器人什麼時候會掌管我們的世界？

b. 我無法跟上時代的腳步。

c. 科技產品很令人困惑。

d. 我們可以跟世界上的任何人聯繫。

e. 尋找能夠使我的生活變得更美好的科技產品。

27.

你和伴侶有一段令人沮喪的對話，對話結束多久後你還會想到它？

a. 他×的每一天。

b. 一直都掛念著，我想要修補它。

c. 當我心情不好時就會想到。

d. 不會想到，過去的就過去了。

e. 處理比較深層的問題，然後予以釋懷。我不是裹足不前的人。

28.

計畫的事情落空了，你會怎麼想？

a. 在這個混亂的世界裡，事情不都是這樣發展的嗎？

b. 我不驚訝，失望是我的小名。

c. 我不知道該怎麼想。

d. 都很好，時機還未成熟吧。

e. 釋放任何難受的情緒，重新致力於願景，並相信神性所帶來的時機。

29.

你犯錯了。

a. 這不是我的錯！

b. 這全是我的錯！
c. 我做錯什麼了？
d. 在生活的大局中沒有所謂的錯誤。
e. 錯誤是重要的成長機會。它能讓人獲得智慧，校準路線，並繼續前進。

30. **有個朋友想介紹一個似乎完全符合你條件的對象，你會怎麼回應這位朋友呢？**
a. 對方是悶悶不樂的類型嗎？
b. 對方不會對我有興趣。
c. 不斷詢問對方過往的情史。
d. 想像自己跟對方結婚了。
e. 面對任何的不安全感，然後懷著真誠的意願尋找美好的事物，並度過愉快的時光。

分數：
每個選項你各選了幾次
A ＿＿＿ B ＿＿＿ C ＿＿＿ D ＿＿＿ E ＿＿＿

如果你的答案大部分是A，你可能是個**現實生活中的苦澀鬼**：

無論是看待自己的生活，還是看待世上的苦難，你的注意力都集中在過去和現在發生的所有「壞事」上。這種人容易在創造（顯化）的過程中卡住。創造你渴望的事物會讓你感覺很自私、態度輕慢，而且它不會在世界大局中產生影響。你可能會被不間斷的新聞報導所吞噬，並在心裡替所有不公平的事情添加種種證據。你可能已經將「進行顯化」這個想法，或是其他普遍的信念，視為比自己更重要的事物。但是，你必須了解一切事物都是相互關聯的，因此你所希望看到的任何宏觀變化，只有在多數人的內在都改變時才會發生。過著內心充滿力量的生活，可以讓你在外在成為更大變革的推動者。比如說，一旦賺到了你想要的金額，就可以捐贈給那些能產生重大影響的單位，或者你才有空閒時間做志工。請記住，現有的每所大學、醫院和博物館基本上都由一小部分的富人資助。你也可以成為其中之一。

如果你的答案大部分是B，你可能是個**加倍懷疑者**：

你懷疑自己創造渴望事物的能力，也懷疑宇宙有能力帶來你所想要的。過去你可能嘗試過創造想要的東西，但很快就氣餒，在創造完成之前就放棄了。你保護自己免受失望的恐懼，且內心有著自卑感。你會去想像所有可能出錯的事項，而忽視可能正確的事項。你希望自己能握有控制權，以便在繼續前行時，能獲得有保障的結果。但在某種程度上來說，這不是顯化的運作方式。對你來說，建立對自己和宇宙的信心將會是個關鍵。從小處開始著手你的顯化之旅，能夠幫助你慢慢建立更大的顯化，帶著你最深切的渴望去承擔更大的風險。現在就開始肯定你的自我價值，即使這感覺很荒謬。隨著時間的推移，這種情況會改變。

如果你的答案主要是C，你可能是個**優柔寡斷的鬆餅機**：你認為自己可以擁有這個，也想要這個，然後又不想了。你一會兒要，一會兒又不要。你一開始很堅定，制定好計畫，甚至告訴親朋好友你會實現這一切，結果發現自己的熱情很快就消失了，重新陷入容易分心的壞習慣，你可能會在放棄當前項目的同時開始追逐下一個夢想。問題是，不久之後，下一個夢想也將被你放棄。缺乏一致性和優柔寡斷是你最大的弱點。「做出堅定的決定，並堅持下去」，可能會讓那些妨礙你的壞習慣或無意識的信念浮上檯面。如果在顯化某些東西的過程中，你感到無聊，請無論如何都要努力重新找到自己的目標和熱情，如果這起不了作用，請記下是什麼事情阻礙了你。

如果你的答案主要是D，你可能是個**擁有諸多可能性的人**：

你相信什麼都是有可能的，對美好的事物保持開放的態度。你是一位出色的啦啦隊長，是其他人夢想和目標的支持者。「你辦得到！」如果我瀏覽你的社群媒體，可能會看見很多正向積極的字眼，然而你的外在生活並沒有改變——你的事業、人際關係和銀行帳戶幾乎沒有變化。對你來說，罪魁禍首是停留在可能發生的幻想中，而不是採取行動將它變成事實。從感覺良好、可愛的白日夢轉向採取真實的、有靈感的行動，對你來說很重要。請確保自己不會陷入單純的幻想，並且顯化出你所渴望的東西。

如果你的答案主要是E，你可能是個**專心的共同創造者**：

你與自己的內心有意識地合作，專注於想要的，會特別注意直覺和靈感，而且對於接收到的洞見立即採取行動。你創造出能夠支持你的欲望和幸福的居住環境和生活形式。每當懷疑和恐懼出現時，你會直接面對，並使用強大的工具來消除它們。到達這個境界你要問自己的問題是：「我所想像的事物夠宏大嗎？」現在你可能該提升到下一個階段了。

如果你的答案平均分布，沒有特別突出的選項，那麼善變、前後不一致是你的死敵。請先清除你的盲點，清理它們之後，再繼續往下進行。

顯化的祕密合約

為什麼要簽訂合約？

合約的存在有個非常重要的原因，能定義你想要的結果、創造它的方法、完成的時間範圍，以及不麼做的後果。你在委託別人翻修廚房或架設網站時也會需要簽合約。如果和自己簽訂合約的想法讓你覺得很拘束或窒息，那麼我強烈鼓勵你一定要嘗試。有意識的創造需要你做出的承諾，以及一個可以讓靈感建立基礎的地方。不要將合約視為一種懲罰工具，請把它視為如何滿足自己和實現願望的具體提醒。

「我們不僅要對我們做了什麼負責，也要對我們沒有做什麼負責。」

——莫里哀／十七世紀法國喜劇作家

如何使用

1. **時間：**請定出明確的開始和結束時間，這會是你進行練習的時間，而非顯化發生的期限。這麼做是為了建立你的自信，尤其是如果你覺得過去從沒兌現過自己對自己所做出的承諾，因此，請先從小事著手。你可以在一周的時間內做些什麼呢？等一周結束後，請簽訂一個新合約並延長時間。
2. **領域：**選擇一個你想要開始顯化的生活領域。
3. **你渴望什麼：**簡要寫下你想在這個領域中體驗到什麼。隨著顯化過程的開展，你的目標會變得更加清晰，甚至是重新定義自己真正想要的是什麼。
4. **練習方法：**請選擇一種（或兩種或三種）吸引你的練習，而且此練習可以幫助你集中注意力，並感受到創造的感覺。
5. **持續時間：**確立這些練習持續的時間，是每天、每周、每月？每次是十分鐘或是一個小時？這部分會根據不同的練習，以及你的日常行程而異，我強烈建議你為此安排一段特別的練習時間。想想你花在上網和看電視上的時間，不妨就挪一些來進行顯化練習吧！但是也不要塞太多練習，因為如果超出負荷，你很快就會找藉口不練習了。請專攻一到三個就好，並記得使用計時器。

6. **懲罰：**就像一般的合約，如果你不遵守約定，就會受到處罰。這處罰可以是向最喜歡的慈善機構捐款、每天增加二十分鐘的步行量，或是一個星期不追劇。若你沒有兌現對自己的承諾時，後果不是真正的懲罰，而是給你信守承諾的另一個機會。這懲罰應該要夠大，讓你對它們有感，但一定要選擇對生命和健康有益的懲罰，而不是自我虐待的行為。這一點非常重要！如果你發現沒有遵守合約，請記得要善待自己，然後再執行懲罰。請不要在過程中嚴厲地責備自己。
7. **正向肯定語：**用此合約來肯定你的價值和能力！
8. **簽名和見證人：**簽名並寫上你的全名。可以找證人嗎？可以的，請找一位友善、願意支持你的證人閱讀本合約，並一起簽名。每當我們告訴其他人「我要這樣做」時，都會獲得更多的力量。你也可以讓這位見證人成為負責監督你的好夥伴。

問責制和自我負責對於我們在個人、專業和公共生活中的成功至關重要。然而，我們經常在別人身上尋找這些性格特徵，卻沒有將它們培養在我們自己身上。

——維什瓦斯．查瓦（Vishwas Chavan）／印度自我成長講師

顯化的祕密合約

開始日期＿＿＿＿＿＿＿＿＿＿　結束日期＿＿＿＿＿＿＿＿＿＿

今天，我，＿＿＿＿＿＿＿＿＿＿（全名），已下定決心。我承諾在我生活的＿＿＿＿＿＿＿＿（金錢、事業、健康、人際關係、創造性的自我表達、成就、項目等）領域顯化我的渴望。

我正在顯化的是：

＿＿＿＿＿＿＿＿＿＿＿＿＿＿＿＿＿＿＿＿

＿＿＿＿＿＿＿＿＿＿＿＿＿＿＿＿＿＿＿＿

＿＿＿＿＿＿＿＿＿＿＿＿＿＿＿＿＿＿＿＿

＿＿＿＿＿＿＿＿＿＿＿＿＿＿＿＿＿＿＿＿

為了創造這個顯化，我承諾將致力於以下的顯化練習，使得顯化事物能在我的生活中開花結果。我將在指定的時間做這些練習：

練習方法和時間

●

●

●

如果我沒有完成這個承諾，後果是：

我在此聲明：

所有的「挫折」，其實都是化解疑惑，繼續前行的機會。

我宣告我值得擁有自己渴望的事物。

我擁有完成這一切所需的一切。

我與充滿愛的宇宙是合一的，它對我的願望說「是」。

顯化已經在目前的生活中完美地展開了。

簽名：＿＿＿＿＿＿＿＿　日期：＿＿＿＿＿＿＿＿

姓名：＿＿＿＿＿＿＿＿

見證人：＿＿＿＿＿＿＿＿

簽名：＿＿＿＿＿＿＿＿　日期：＿＿＿＿＿＿＿＿

姓名：＿＿＿＿＿＿＿＿

PART

1

顯化的七大祕密法則

1 顯化的祕密法則一：聚焦在美好的事物上

身為顯化大師，經常訓練專注、聚焦的能力是很重要的，這就像運動前伸展肌肉的暖身活動一樣重要。

我曾經住在一間排水問題層出不窮的公寓裡，每隔幾天，我們就得極為挫折地拜託房東幫忙。房東會請一位開暗紅色貨車的水電工到租屋，那時我也經常坐在門口等著那位開暗紅色貨車的救兵到來。自此之後，我開始不斷看見暗紅色貨車，每看見一部暗紅色貨車，我就會聯想到「這一定是我們那位水電工」，然後把車開近貨車以便確認，但每次都不是。一時間，似乎整個鎮上充滿同款的暗紅色貨車。我的注意力高度聚焦在暗紅色貨車上，不僅訓練自己不斷注意到貨車的存在，也把它們吸引到自己的體驗裡。等到排水問題解決了，我便停止尋找暗紅色貨車，它們也不再出現在馬路上。這經驗對我來說是個很棒的學習。

現在，換你試試專注的魔力了，好好嘗試吧！

顯化步驟小練習

聚焦

1. 從小地方著手：當你有意識地開始顯化時，從那些你覺得無關緊要且沒有特殊情感的事物開始。

- 帝王斑蝶
- 香蕉
- 玻璃密封罐
- 黑色相機
- 彩虹
- 對你來說沒有任何意義的三位數，例如：752

你達到目標所得到的，沒有你因達到目標所成為的人那麼重要。

——齊格・金克拉（Zig Ziglar）／美國勵志演說家

- 懸掛的燈泡
- 老式打字機

2. 花幾分鐘的時間把意念聚焦在這個東西上。觀察它，想像自己碰觸它，並描繪它的輪廓。
3. 列印出東西的圖片，一張放皮夾裡，一張放床鋪邊，每天早晚你都要看它一眼。想要的話，貼一張在冰箱門上和車子裡也可以。如果你沒有印表機，可以把圖片設為手機桌布，讓你每次拿起手機就會看見。
4. 記錄發生了什麼事情。只要每次在生活中看見這個東西一次，就記在心裡。以帝王斑蝶為例，可能有隻帝王斑蝶停在你的肩膀上，然後你又看見一名女子腳踝上有帝王斑蝶的刺青圖案。接著，一名身穿帝王斑蝶圖案上衣的小男孩走過你的眼前，再來是朋友傳給你一篇關於帝王斑蝶數量增加的故事。就算是蝴蝶這樣看似捉摸不定的目標，你都能透過專注力將之顯化出來。

經歷了簡單的聚焦所能發揮的功效後，讓我們開始從能帶給我們好處的事物著手吧。畢竟，有誰老是想看見一堆暗紅色貨車呢？它們又不是吸睛的跑車。

開始把你聚焦的能力多運用在你真正想要看見與經歷的事物上。

潛在目標

- 在完美的時間點出現位置剛剛好的停車位。
- 在炙手可熱的餐廳很快就順利訂到位子。
- 自己一直想買的東西剛好在打折，或是獲得一筆錢能夠以原價購買（你可以試著先以烤麵包機為目標，而不是一輛汽車）。
- 熱門表演的門票。

運用同樣的方法做此練習

- 想像自己擁有它，並喚起自己擁有它時所帶來的感受。

當你致力於讓自己盡可能地成為一個最優秀的人，你會吸引最棒的人生、愛情，以及機會降臨。

——賈莫妮．肯特（Germany Kent）／美國知名記者

- 讓自己隨時可以看到這項東西的影像。
- 記錄發生了什麼事。

如果你的意念開始動搖，就想像你是在訂披薩外送。你想要吃披薩，也下了訂單，接下來只要想著披薩會送到家裡就好，完全不必考慮披薩是否會送達，不會去揣想：「哎呀，現在有點塞車，披薩可能無法送來了。」也不會想：「一定很多人訂披薩，可能沒我的份了。」請去除你對這項事物的依附感，並允許它自然流進你的經驗裡。

聚焦在美好的事物上

你的生活與生命中都存在著美好的事物，即使我不認識你，也能毫不猶豫地這麼說。如果你有安全的地方居住，廚房裡有食物可吃，擁有愛你的人，能夠使用網路，那麼你就擁有了全世界。你的生理需求以及社交需求都得到了滿足，而網路可以是你學習進修或是與他人連結的資源，也可以是你的娛樂來源。

在每個人身上以及每個情況中尋找美好良善的事物

這個道理看似簡單，但知易行難。以內在角度來看，我們擁有求生的本能心態，人類的神經系統就是為了覺察問題所在而設計的。以外在來看，我們所生存的時代是整個社會都對恐懼和重大災難上癮，這些事實從未在社群或新聞媒體上揭露過，而我們也完全沉浸在各種形式的媒體之中。只有早上六、七點才會播報新聞的時光早已不復存在，層出不窮的負面事件也讓大眾輕易走向自我了結生命一途。

能夠掌控自己的想法，並把它導向讓自己快樂的方向是很重要的，我不是要你假裝，而是從合理的角度出發，專注於看到其他人或事件中的美好元素。

顯化步驟小練習

當下什麼才是正確的？

喜愛美好的事物

1. 列出你生活中最主要的人物。

2. 找出那些和你最有積極正向關係的人，先從他們著手。
3. 寫出你感謝他們的所有事項——從最明顯易見的事項開始，然後再逐漸深入。
4. 現在，請依照上述方法，從目前最讓你頭痛的人著手。雖然你覺得他們很難相處，但是他們在其他方面表現如何呢？你在他們的工作職場上，看到什麼良善美好的表現呢？

你甚至能夠在爭執中找出美好的元素。比如說，你哥哥有著虔誠的基督教信仰，但是他卻貶抑你的身心靈信念。即使如此，他的虔誠是否有其良善之處呢？也許信仰促使他捐款給急需經濟援助的地方，或是幫助他戒除酒癮，又或是鼓勵他成為一名更好的父親。

面對那些難以相處的人，我會一再重複進行上述練習，同時也一再對這個練習所帶來的結果感到驚豔。舉例來說，有一位讓我感到非常棘手的人物，很長一段時間我從她身上能找到最美好的事物就是：「她穿的鞋子很有品味。」後來每次和她碰完面，我會繼續寫美好事物清單加上新的發現：「她的站姿很美。」「我很喜歡她非常熱愛自己的家，她真的很愛自己的家人。」

隨著美好事物清單越列越長，我發現她似乎變得更容易相處，她的脾氣也變得越來越柔和，我也越來越能看見她的聰明與慧黠，這段關係整個轉變了，而她不是唯一的例子。

請在日常生活中培養專注於什麼是對的、美好的、美麗的習慣。以下是個有意識的轉移注意力的例子：

你和伴侶提早離開了一場聚會，聚會的女主人是你的好朋友，但是你覺得她的先生俗不可耐。你們在回家的路程上，會無情地取笑他各種吹噓、搶話或打斷話題的行徑，完全無法理解這位好友怎麼忍受得了他。而且，你為了參加聚會不得不把車停在十條巷子之外，出席者中也有許多不認識的人，實際上，你寧願待在家裡不出席。

但是，你也可以選擇把話題焦點轉移到其他美好、正向的事物上，例如：你喜歡朋友的聚會穿搭，或是食物既美味又健康。能參加一個食物準備得如此貼心的聚會，不是很棒的一件事嗎？其中有道純素馬鈴薯沙拉更是讓你驚為天人，非常想要取得食譜。又或者，能與你好友的同事聊聊她在綠色和平組織當志工的時光，也是

如果能用正確的眼光看世界，全世界都會像花園般美麗。

——法蘭西絲・霍森・柏內特／經典兒童文學《祕密花園》作者

非常有趣的一件事。現場播放的音樂節奏輕快，與聚會氛圍完美融合，完全不顯突兀。你也很開心他們多放了幾張椅子，所以自己不需要整晚站著。你的好友必定是投入了大量的精力、時間和金錢來創造這個非常特別的夜晚。你提醒自己記得明天打電話給她道謝。

同樣的一個夜晚，你既沒有把時間倒轉，也沒有改變任何一件已發生的事實。而是經過一番深思熟慮，你決定帶著完全不同於以往的心態來體驗這次聚會。當你開始深入探索時，就會意識到會場裡竟然發生了這麼多美好的事物。

親愛的讀者，讀到此處，你已經從兩種不同的角度看了一場想像的聚會場景。在讀到那位俗不可耐的好友先生時，你的感覺如何呢？他是否讓你想起認識的某個人？我敢打賭一定有，因為我們都認識幾個那樣的人。接下來，你讀到了對於這場聚會的正面評價，閱讀那段文字時，你的感覺又是如何？我相信感覺一定是好多了，更為冷靜、平和；也許，你更能享受參加類似的活動。這都來自於一場基本上從未發生的幻想聚會！

如果你有伴侶，你可能認為對方永遠不會認同自己的觀點。不過還是試試看吧，但是別用說教的方式：「親愛的，我認為今晚我們應該把注意力集中在聚會上所有的美好事物，而不是講吉姆壞話。」如果這麼說，你肯定會遇到阻力，因為「講吉姆壞話」這件事明明過去你們都有做，這種說教的口氣可能會讓你的伴侶感到委屈，所以請不要用此招數。你只需提出一個正向美好的觀點，輕巧地反駁伴侶的抱怨即可，比方說提出這樣的問題：「我真的很喜歡這裡的食物。你有吃他們的馬鈴薯沙拉嗎？你覺得怎麼樣？你最喜歡的食物是什麼？」即使伴侶不同意你的觀點，也能感受到較為美好的氛圍。如此一來，光靠你一個人就能把聚會能量轉為積極正向。你只需要專注於美好的事物上，並熱情地分享，就可以辦到了。

顯化步驟小練習

把你的評價升級

我們現今的生活中，可說是什麼領域都能給予評價，從餐廳、優步駕駛到牙醫的服務表現，都可予以評分。我們常常習於批評，吝於讚美。該來做些改變與升級，現在就來評分吧。

1.從你的日誌中挑出最近幾天做的一些事情並加以評價。例如：你晚上的通勤狀態、午餐吃的沙拉、參加的某個會議、市場裡賣的花束、博物館的展覽、觀看的電影等。
2. 設定三分鐘的時間。
3. 迅速寫下你喜歡這些活動的原因為何。
4. 加分項目：如果你評論的這些活動可以公開張貼的話，請這麼做。讓帶有愛心的正向評價傳播出去吧！

這個練習有雙重目的；首先，你能順利專注於美好的事物上。接下來，因為你有這個日常功課，就會更積極參與這些生活中的體驗。打開沙拉盒時，你會期待：「今天的沙拉嘗起來會有什麼美味之處呢？」你會細細品味每一口滋味，而不再是狼吞虎嚥。進入超市時，你也會尋找美好的事物，以便記錄下來。現在，你不僅在正向的回饋中體驗到事物的美好，也活在當下。越是這麼做，你的日常生活經驗就會越來越美好。

人處在度假狀態時很容易就能找到美好的事物，畢竟那就是我們去度假的目的。請想像一下，如果把度假狀態帶入日常生活中會如何？你的日常超市採購之行，就可以成為你的下一趟假期之旅了。

顯化補給站

每天提醒自我價值的七種方法

1. 在便利貼上寫下給自己的愛的箴言並四處張貼

貼在浴室鏡子上、書桌抽屜，貼在廚房桌子上方的燈具上、汽車的方向盤上。在生活周遭四處張貼。

2. 為每日的成就做紀錄

思索一下自己對成就和成功的定義是什麼。有時候，能夠準時付帳單就是很大的成就了，或是得到值得信賴的同事的讚賞。假設你得了流行性感冒，那麼意識到自己有感冒症狀，並洗了個熱水澡也是一種成就。好好地辨識並認可自己每天的成就吧。

一句善意的讚美，就可以讓我充實地活上兩個月。

——馬克．吐溫／美國文豪

3. 選擇仁慈

在艱難的情況下更是要這麼做。請做最好的自己，慈悲為先，不要跟他人一般見識，這麼做有助於讓我們感覺比較好。

4. 幫助他人

特別是在你覺得無助的時候，請找一位自己可以幫助的人，就會發現原來自己是如此的強大，竟然可以讓其他人的生命因你而有所不同。

5. 肯定自己

「我值得所有美好的事物。我是受到鍾愛的宇宙之子。我值得並擁抱自由與喜悅。」

6. 創造

寫一首詩、畫畫、用神聖物品打造一個小聖壇、為浴室重新貼上瓷磚、在網路上為自己熱愛的興趣創立一個社團。為荒蕪之地，建造一座綠洲——你做到了！

7. 自我擁抱

我是認真的，請用雙手環抱自己，深深地呼吸，並在呼吸之間感受愛的施與受。

2 顯化的祕密法則二：停止等待

明白這一點花了我很長一段時間。我生命中的時光大都處於「等待」的狀態，一旦我停止等待某件事，又會有另一件事出現讓我繼續等待。我在社會服務部門工作時，等待的是下一個有薪假、周末或長假；我單身的時候，等待的是那些能夠與「他」一起做的事情——不管未來的他是誰；等到我減肥成功，等到我變得不那麼焦慮、更開明、更成功時，我就能放輕鬆，感到快樂，並且愛自己。這些一而再、再而三的等待行為，從來就沒有終點。「等待」不斷餵養我們的匱乏感以及「我不夠好」的能量，同時也對於自己努力擁有的一切缺乏感恩之心。身為一個沒有耐心的人，這種負面循環實在是很令人抓狂。

不要等待，時機永遠不會恰到好處。

——拿破崙．希爾／當代成功學之父

當你想創造任何事物時，請停止「事物顯化之後，我才能體驗到幸福快樂」的想法。請現在就開始創造你的幸福快樂。

我曾經以為自己需要找個男伴才有能力買房子，本來就該如此，不是嗎？電影、媒體不都是這樣教我們的？我一直等待白馬王子有一天會和我一起實現這個夢想，然而二十幾年來出現的都是與我的信念相左的證據。當我明白自己是在延遲美好的事物降臨，就決定停止等待白馬王子到來。身邊很多人覺得我辦不到，畢竟我居住的地區房價和房屋稅都很高，我領的還是社會服務工作的普通薪水。然而，我已下定決心，知道我能創造自己所想要的一切。

我告訴第一位房屋仲介自己要的是什麼樣的房子——有花園、兩房，而且離我工作地通勤時間要在十五分鐘之內。

他聽了嗤之以鼻地說：「你別肖想了。不可能找得到你要的那種房子，至少這一區是不可能的。而且你目前單身，為什麼想要買房？我手邊有幾間公寓可以帶你過去看看。」這段空前又絕後的對話當然就到此為止。因為如果房屋仲介不相信我能找到自己夢想中的房子，那麼這件事就不可能發生。我需要一位跟我的想法能產生共鳴的仲介。

結果下一個仲介說：「哦，我可以找到你想要的那種房子。」而我們也真的辦到了。我了解到為低收入人群提供的特殊抵押貸款有很多好處，包括較低的頭期款，而且不需私人抵押貸款保險。我的房屋貸款很快就被批准了。簽約那天，律師跟我說：「這真的是非常非常棒的利率。這麼多年來，我從未在事務所看過這麼低的貸款利率。這棟房子的坪數也不錯，還附帶院子，而且是個大小合宜的院子。還有這個金額？在這個地區？這等好事我真是前未所見的。」

有趣的是，在我買了這棟房子之後遇見了一位又高又帥、既聰明又風趣的男子，我們談了一場開心且維持多年的戀愛。這段戀情並不是我所期待或計畫的事，但是它確實發生了。

顯化步驟小練習

你還在等什麼呢？

思索一下你所能創造的各個領域——金錢、職業、愛情、友誼、人生目標等。你是否認為自己需要先擁有什麼，才能實現所想要的一切呢？請填寫以下劃線空白處：

等我有了＿＿＿＿＿＿＿＿，我就會＿＿＿＿＿＿＿＿。

等我得到了＿＿＿＿＿＿＿＿，我就能＿＿＿＿＿＿＿＿。

等我達成了＿＿＿＿＿＿＿＿，我就會＿＿＿＿＿＿＿＿。

等我創造了＿＿＿＿＿＿＿＿，我就能＿＿＿＿＿＿＿＿。

等我接收到了＿＿＿＿＿＿＿＿，我就會＿＿＿＿＿＿＿＿。

等我完成了＿＿＿＿＿＿＿＿，我就能＿＿＿＿＿＿＿＿。

等我賺到了＿＿＿＿＿＿＿＿，我就能＿＿＿＿＿＿＿＿。

請根據自己的每個目標，完成以上這些句子。請隨心所欲地列出你所等待的所有事項。舉幾個例子：

- 等我賺夠錢，我要去峇里島旅行。
- 等我找到真命天子／天女談戀愛，就會去搭豪華郵輪遊覽紐約市並且去那家新的巴西餐廳吃美食。
- 等我下次升遷加薪，就會雇用清潔服務，並購買我一直想買的沙發。
- 等我比較有時間，我就會去寫書，並學瑜伽。

別再等待了，請現在就創造這些你想要的結果。就拿「到峇里島旅行」來說，也許你目前手邊沒足夠的存款可以去玩一趟，但是你可以開始搜尋相關的旅行資料，加入網路上的旅遊社團。你也可以閱讀峇里島的歷史以及氣候形態等資料，並找出你在峇里島旅行時非做不可的十件事，像是學習烹煮當地的特色佳餚等等。然後到你能夠負擔的地方旅行，任何一個對你來說是新的地點，就算隔壁鎮上你從未參觀過的博物

千萬別讓等待成為一個習慣。活出你的夢想並且去冒險，生命正在進行中。

——保羅・科賀爾／暢銷書《牧羊少年奇幻之旅》作者

館也行。請把這微旅行當作一場冒險。

如果你單身想找個戀愛對象，可以找個朋友一起實踐某件你本來特別保留給真命天子／天女才會做的事。雖然和朋友啜飲香檳的感覺跟情人一起的感覺並不相同，但是那種歡樂的感覺還是很棒的。如果你曾經歷過那種你期盼的夢幻約會，結果伴侶卻顯得心煩意亂、脾氣暴躁或身體不適，那麼你就會明白約會完美與否跟對象無關，而是性格造成了不同的體驗。

扭轉關聯性

我們總是在腦海中將兩個或多個不相關的事物連結起來，以食物搭配為例的話，就是起司漢堡一定要配炸薯條。這個組合頻繁地連結在一起，我們開始認為這就是理所當然的。

我永遠不會忘記我朋友在一家只供應沙拉和漢堡的餐廳裡，崩潰時所說的話：「這簡直是天理不容，克麗絲！」說完竟然還哭了起來。「天理不容？」我邊說邊忍不住大笑。從這例子你就知道「關聯性」是可以如此根深柢固地植入在我們的腦海中。請將類似的關聯性視為可能妨礙你前進的障礙。

「等待」會在「顯化」和「想要顯化的事物」之間建立關聯性。如果我們能夠先聚焦在想要的結果上，就是在向宇宙發出我們已經準備好迎接顯化降臨的信號。不妨好好利用關聯性的優勢，現在就去體驗自己能力內所及的夢想吧。

等待與靜靜期盼

等待的能量感覺起來是煩躁、缺乏耐心，而且神經兮兮的。如果你有過等待情人和碰面、一起出席重要聚會的經驗，你就會知道「等待」的感覺是什麼了。

然而，你是否想過每一件事物的發生，其實都是在最恰當的時間點呢？也許不是人類所認知的時間，而是神性所認知的最佳時機？現在請想像這股靜靜期盼的能量：你知道事情一定會到來！你知道它會在最完美的時間點發生或出現。那麼，你所期盼的事物已經在發生了，而你也相信它會在最佳時機實現。請把你的等待轉化為肯定句：

如果你是那種等待「適當時機」到來才會付諸行動的人，你可能有得等了。這就像是開始旅行前，遠在八公里外等待所有紅綠燈都變綠了一樣。

——羅勃特．T．清崎／暢銷理財書「富爸爸」系列作者

「一切都會按照神性的時間軸顯現出來。」
「我很放鬆，而且準備好接受它。」
「我現在相信，一切的發生都遵循著完美的秩序。」
「我釋放所有壓力，並擁抱宇宙。一切安好。」

關於顯化的反思

1. 想一件自己已經等待很長一段時間的事物，並寫下當這個等待已久的事物閃現腦海時，你有什麼樣的想法呢？
2. 若是停止等待，你的生命會有什麼不同？你會採取什麼樣的行動來停止等待呢？
3. 如果你全然相信宇宙，你的生活或生命又會有什麼不同呢？
4. 如果你知道自己最深切的願望真的能實現，會有什麼感受呢？

3 顯化的祕密法則三：值得與接受

我觀察到那些覺得自己值得擁有美好事物的人，通常都能夠擁有它。或者更恰當的說法是，他們在創造美好事物方面是非常成功的。這股穩定的吸引力頻率，本然地發自於他們的內在，宣告著：「是的，我值得擁有自己所要的一切，而且多多益善。」你可以嫉妒羨慕這些人，或者也可以選擇成為其中的一分子。過去的我就是如此，與這些人相處時自己心懷不滿和痛苦：「這些人太自私了，為什麼他們什麼都有?!」直到有一天我決定也要成為「心想事成者」，才放下這種想法。而且，我萬萬沒想到的是，成功轉變的自己居然比以往任何時候都有能力付出，甚至是多更多。這是一種需要從內在培養的重要頻率。

無論在生活中取得什麼成就，都不是因你所作所為而得，而是你相信自己值得擁有。

——萊斯・布朗（Les Brown）／美國勵志演說家

人之所以覺得自己不值得擁有的原因有很多，尤其在人類的集體意識中帶有階級、性別、性向、地理位置、年齡以及其他種種的限制。不論外在因素為何，你所能創造的就是「從內而外」的改變。因為，我們與萬物相連，外在世界發生的一切都能對我們無意識的生活狀態產生影響，也就是說，唯有我們做出有力的選擇，並開始從內在創造，我們才能在不受集體意識的影響下生活。

請清除任何壓垮你、打擊你的舊有內在制約，方法詳見本書第二十四章〈處理懷疑與釋放阻力〉。

如果你一直在等待某個人跟你說「你值得擁有美好的事物」，那麼，請允許我當那個你一直在等待的人吧。

你是神聖生命能量的火花，你的存在是獨一無二的。你的「匱乏感」是無法幫助任何人或這個世界的。你值得擁有歡欣的生活，你值得創造並擁有讓你的心深感喜悅的生活。你被鍾愛著，你就是愛，以人類的形式存在著，是為了在地球上創建天堂而生。在受孕階段，一顆精子憑著百萬分之一的機率進入卵子，創造出了你，光這一點就代表你是萬中選一。請明白這一點，並允許它成為事實吧。

有些人可能觀察到當今社會中有一股過度自戀和目中無人的文化，因而心生排斥，覺得自己不想變成那樣。然而，請容我再次申明：健康的自尊和值得擁有美好生活的感覺，絕對不等同於肆無忌憚的貪婪、執著的小心眼或膚淺的虛榮。過度自戀者的內在實際上非常缺乏安全感，很容易被別人的意見所左右，並且欠缺自信；這不是愛自己的表現。當你由內而外地培養愛和自己值得擁有的信念時，就是在運用自己真正的力量及靈性本質過生活。

請成為一個開放的接收者，並開始擴展你的自我價值吧！

帶著優雅與感恩之心接受

你想從宇宙中得到更多美好的事物，那麼，帶著愛接受宇宙已經給予你的事物是很重要的。

生活中滿是美好的宇宙贈予供你使用。現在它可能是你剛剛在停車計時器中投下的錢幣，到了下周則可能是一頓美味的晚餐，一年後可能是一個極具前景的工作機

當你某天明白了愛、歸屬感和你的價值，是與生俱來的權利，而不是你必須掙得的東西，一切都有可能實現。

——布芮尼．布朗／暢銷書《脆弱的力量》作者

會。你最好現在就開始鍛鍊自己接受美好事物的能力。因為當你付出太多，而得不到足夠的回報時，會感到怨恨和疲憊。沒有比憤怒、怨恨更能扼殺金錢之流的事物了。

顯化步驟小練習

接受

接受什麼呢？

1. 讚美：接受讚美對很多人來說有困難。從身上好看的穿搭到獲得學位等重大成就，你都能得到認可與讚賞，然而你發現自己並沒有因為這份讚賞而產生健康的自信心，反而越來越畏縮。原因可能有很多，也許是你從小就被教導「施比受更有福」，因此有了這種信念（這兩者其實同等重要，請參閱〈顯化的祕密法則四〉）。也許讚美會讓你覺得自己處於眾所矚目的聚光燈下，而你不喜歡籠罩在這種關注中。這種不適感可能是來自於「樹大招風」的信念，或是來自扭曲不健全的自我形象。這些都是可以被療癒的，現在請記住這一點：當你拒絕接受讚美時，就是在侮辱讚美你的人，也關閉了自己的能量流。在拒絕之前請暫停一下、微笑，然後真誠地說聲謝謝你，讓讚美進駐內在，並透過呼吸關照任何的不適感，直到不適感消散。

2. 寶貴的建議：我承認「建議」是頗為棘手的。我們每天都被上百句的建議淹沒，更別說你現在就在閱讀一本不斷提到「只要這樣那樣做就會有效」的書。所以辨別的關鍵字是「寶貴」；從股票投資組合到健康養生計畫，再到宇宙豐盛法則的操作說明等，如果有人給了你「寶貴的」建議，請接受它。你要怎麼知道哪個建議是值得聽取的？請敞開心胸，試試建議是否可行。如果你對他人所提供的建議產生強烈且負面的反應，你可能遇到了我所謂的「好朋友抵抗機制」（請參閱第兩百九十五頁〈處理懷疑與釋放阻力〉）。你不妨試試某件不那麼想嘗試的事情，如果嘗試之後你覺得很興奮，那就放膽去做；如果你覺得不對勁或無聊，那就算了。

3. 生活中的小確幸：像是在路上撿到一百塊、在機場等登機時看一本無主雜誌、在完美時間地點出現的停車位、一篇臉書上的貼文讓你脫離了某個糾結的狀態等等。生活中的小確幸一直都在發生，只要你願意敞開自己，就會看見。我要分享的一件事可能會讓你覺得好笑——基本上，只要看到地上有一元硬幣，我都會撿起來，因為它們也是能量的一部分，就像其他面額的硬幣或紙鈔一樣。接著，我會感謝宇宙每一次的賜予。大多數人面對這類小事情覺得不值一提，或是感到煩躁，對我來說卻是一種禮物。這種看似微小的賜予你接收的越多，就越能遇見美好的事物，並明白這一切都不是個巧合。

4. 禮物：不是只有出現在慶生場合的禮物才算數。朋友送你一個從未使用過的壓力鍋、表哥請你吃烤肉聚會剩下的烤肉，或心情低落時你收到一張寫著心靈小語的卡片，這些都是；也有些時候你收到了禮物，自己卻不這麼認為。我要提醒你，「禮物」不像是「建議」需要特別篩選，所以請帶著愛接受這些禮物吧，即使那壓力鍋外殼有凹痕，或是表哥給的烤肉有點柴。這禮物可能不合你意，但是請對「給予禮物」這股善意抱持感恩的心情。

5. 金錢：如果你受雇於人，在接收薪資單或收到銀行的進帳提示時，請有意識地接受它。同樣的，當朋友給你錢、收到小費，或是收到家人贈送的禮物，也請有意識地接受。如果你收到的是資遣費，也要有意識地接受。我們下意識常注意的是金額的大小，或是這個數字遠不及你過去所賺取的金額，甚至收到時還夾雜著尷尬的感受，但請把金錢視為一種療癒，這樣才能不帶痛苦地感恩自己所賺取的每一塊錢。不妨把自己的帳戶明細列印出來，並在每一筆存款旁寫下：「感恩宇宙。我感恩地接受這筆金額，以及往後更多筆的金錢。」

如何實踐優雅與感恩

1. 允許不舒服的感覺產生：如果接受美好的事物令你產生不舒服的感受，像是畏縮、自卑、逃避、愁眉苦臉等，那麼你需要先處理那些感受，而不是忽視它們。
   - 設下「我要抓住這些不舒服感」的念頭。
   - 一旦你察覺到不舒服感升起，暫停一下，讓自己與那些不舒服的感受同在。觀察一下，這股不舒服感給你什麼樣的感覺？是胃在翻攪？還是眉頭皺了起來？
   - 然後，鼻子吸氣，嘴巴吐氣。如果身體出現想要封閉、麻痺自己或尋找分心目標的念頭，請以任何必要的方式壓抑這股衝動。把自己拉回來，讓自己和那些感受在一起。一旦能優游於不舒服的感受中，會幫助你在很多方面有更深層的成長。

2. 大聲說出來：大聲說出你的感謝，就算你只是感謝自己也可以。這些句子不用詞藻華麗或長篇大論，只要簡短有力就可以了。請確認自己是誠懇地說出以下話語：

- 謝謝你。
- 不客氣。
- 我真的很高興你這麼說____；我真的很高興你給我____；我真的很高興你注意到____。
- 這正好是我所需要的。
- 我剛好可以用到這些。
- 很感謝你想到我。
- 這個對我來說意義重大。

3. 好好詢問自己的什麼（what）、為什麼（why）以及如何（how）。

- 對於接收到的美好事物，你感謝它的什麼部分？
- 為什麼它對你來說有這意義？
- 它如何為你帶來益處？

範例：

我的第一本書剛上市時，我在推特上出乎意料地收到了一篇標記我的推文。一位我敬仰已久的雜誌編輯，挑選了我的著作並在雜誌上列為十大推薦好書之一。我跟這位編輯既無私交，也不知道她是怎麼知道拙作的，這讓我感到又驚又喜。基於感激與喜悅之情，我主動跟她聯繫並向她道謝，沒想到她居然邀請我上她主持的廣播節目。可以說我接二連三地收到禮物。針對這件事，我會這麼樣回答前面的三個問題。

- 對於接收到的美好事物，你感謝它的什麼部分？

我寫書是為了幫助他人，它能觸及到更多同溫層之外的人。我的出版社會很高興這本書獲得很棒的宣傳。能和自己敬仰的雜誌編輯對談讓我有種自己被看見了的感覺，她也理解我寫這本書的目的是什麼。她是位仁慈、慷慨的人，我很享受和她的對話。

- 為什麼它對你來說有這意義？

我擷取了畢生所學而寫成的作品，獲得我所敬仰之人的認可。我必須重新體驗我對療癒的熱情，並且將之與他人分享。

- 它如何為你帶來益處？

聽眾因為喜歡我在廣播節目受訪的內容，想要了解更多，有些人特別寫了電子郵件給我。

4. 制止自己想要禮尚往來，以禮還禮的衝動：這股衝動通常來自於覺得自己不值得。當你聽到其他人的讚美，會立刻想要用讚美或禮物來予以回應的話，那麼你就是在轉嫁自己所接受的事物給他人。在這種不舒服感中，你又回到了自己所默認的付出模式。「馬上要以禮還禮」是一種義務性的規則，與你的接受能力或是否慷慨大方無關。別擔心，你一定有機會回饋給其他生靈，並將它化為生活實踐的一部分。但請讓你自己先接受施予，並肯定自己值得擁有更多吧。

顯化補給站

吸引更多美好事物降臨的七種立即可行的方法

1. 增加小費

當你給比較多的小費時，請帶著誠摯的感謝心給予。

2. 清理衣櫥或抽屜

先從清理一個開始，並且要好好完成。

3. 寫感謝信或紙條

來點老派的作風，在漂亮的卡片上，真誠且帶著愛地寫下感恩的語句。

4. 清理你的能量場

想像金色的光穿過你的身體，進入你的整個生活空間。

5. 走進大自然

在大自然裡散步是個萬靈藥。

6. 跳舞

開起音樂，舞動你的臀部。

7. 哼歌

閉上雙唇哼一個音符，或哼上整首曲調。

4 顯化的祕密法則四：佈施你所想要接收到的

我先從「接受」這個主題開始談起，過度付出可能是一個人擁有不多的跡象。在我接觸的靈性圈以及心胸開闊的群體中，有一種過度給予的流行病。我見過自己所關心的人筋疲力盡且身無分文，一旦別人對他們提供資金和援助，他們就會立刻把這些轉嫁出去，然而卻又總是在納悶，為什麼自己這麼累又口袋空空？

「施與受」是種具有流動性的循環，如果你是個「接受過度者」（over-receivers），你可能會覺得有股罪惡感，而「接受不足者」（under-receivers）則常會覺得有股怨恨。請允許施與受的循環流動，因此，你才會對施與受逐漸變得慷慨。

請找個方式給予你最想接收到的事物。有一段時間，我交過的男朋友個個都對情人節避之唯恐不及。只要一到二月分，他們就會變得極為理性，說道：「克麗絲，情人節只是商業炒作出來的節日。商人想鼓吹我們這些消費者過度消費。」這個說法我連續聽了好幾年——我沒開玩笑，過去五年多，三個不同的男朋友都對我說了同樣一句話，而且他們彼此都不認識，唯一的共同點就是我。想當然耳，他們越是不想慶祝，我就越是變本加厲地想要的更多！不論卡片、糖果、鮮花，天哪！我的、我的，都是我的，我全都要！

選擇單身一陣子後，我努力提升自己對於交往對象的標準，也該來做個轉變了。面對第一個即將單身度過的情人節時，我充滿了恐懼，如果不想在情人節整天抱著酒瓶，與酒為伍的話，我知道自己有三個選擇：忽略它（這不容易）、討厭它（太容易了！）或是反轉它。（天啊，我真的喜歡挑戰耶！）

我決定給予自己未曾收到的事物，於是邀請五名單身女性好友，共度一個令她們永生難忘的情人節。我製作了一個裝滿小禮物的精美禮品籃。我先是按照一份傳統食譜烤了法式餅乾，趁熱把它們扭成幸運餅乾的形狀，再把印有著名作家愛情語錄的絲帶編在其中。籃子裡還有一對裝滿了紅色糖果的香檳杯，而那些講述動人真愛故事的羅曼史小說更是不可或缺。我還設計了個人化的卡片，讓她們知道她們很特別，值得如此多的愛。我把籃子送到她們的門口，按了門鈴，並給出大大的擁抱以及美好的祝

從未有人因為給予而變得窮困。

——安妮・法蘭克／《安妮日記》作者

福，再把禮物籃送給她們。我變得充滿愛、樂趣和喜悅，這可比我在情人節當天約會時所經歷到的還要多更多。

沒想到從此以後情人節變成我最喜歡的節日。隔年的情人節，我就有了一位可愛的交往對象，他預訂了浪漫晚餐，還穿上一件應景的紅襯衫，並讓我沐浴在滿滿的愛和禮物中。儘管脫單了，我還是繼續扮演丘比特的角色，因為能讓自己親愛的朋友們也沐浴在美好與光明中，讓我感到非常開心。一旦名單上的朋友有了伴侶，我會新增另一位單身的女性友人。

請注意，我是以自己想要接收到的方式在給予，而不是出自義務性，也不是在透支自己的金錢，更不是因為「我已經付出很多，不差這一點」的心態。我所給予的方式，是讓我自己與他人都感到豐盛，這也會吸引更多美好的事物降臨到我們的生命裡。我讓給予的這個行為變成一個有趣又有創意的旅程，這麼做能夠大幅提升我的生活，程度遠高於接收了我善意的人。

施與受是流動的；我的給予也讓我能夠接受。當我能夠好好接受美好的事物，我也會擁有更多可供給予。還有，給予也是在對自己以及宇宙說明自身的狀態：我擁有的夠多，我是豐足的。我能夠給予，因為我知道自己能被他人的回報支持著。

施與受的行為，就是在體現我們的豐足。

5 顯化的祕密法則五：為新的事物騰出空間

我學到第一個經典的形而上學概念是：宇宙厭惡空位。換句話說，宇宙不喜歡無人佔有的空間。創建新事物通常需要騰出空間，以便新的工作、新的情人、新的旅程進入你的生活。

有時候這個空位真的是指實際的空位。有一次我想換電視機，所以先把舊的電視機捐出去，接著很快就找到完美的替代品而且還有打折。我現在通常不會建議大家在找到新工作之前，就把舊工作給辭掉，唯一的例外是，這個工作場所會損害他們的健康狀況。不然，根據我的經驗，人在有工作且不是非常擔心收入的情況下，更容易找到新工作。然而，有時候，宇宙對你的確是另有計畫；這就發生在我的身上。

我放棄了在社會服務領域的職業生涯，轉而為一家小型的現代公司工作；這是一場徹底且遲來的改變。我從一個有窗戶的辦公室轉換為在家工作，使用自己的電腦，並透過通訊軟體與同事聯繫。這是個內在、外在都讓人處於高壓狀態的環境，幾乎沒有任何培訓、沒有任何計畫，我必須長時間久坐，以便產品一個接著一個上架，而且工作時間很長。我曾想像自己能在一家公司教授我所深信且自己也在使用的練習法，但這個夢想很快地就被驅散了。不到一周，我就在思考：「天啊！我做了什麼好事？」然而，所有跡象都在告訴我這是正確的決定，因此既來之，則安之。

我決定透過這份工作來療癒自己。每當覺得受到不當對待時，我就療癒自己；每當我覺得被低估了，我就療癒自己；每當我被賦予令人麻木又忙碌的工作時，我就療癒自己。我牢記正向肯定語，並在做重複性的工作時一遍又一遍地複誦。不久後，我在公司裡得到了一個自己真正渴望而且能夠發揮所長的職位。我制定了一個計畫。多年來，我一直是一名兼職的能量治療師，而受雇於這間公司時，我也認真工作。我最終的願望是能夠在公司兼職，其餘時間從事我的能量療癒工作，慢慢建立起自己的事業，直到我可以完全獨立成為自雇者。我想像著離開工作崗位，同事祝福我，並為我工作所達到的成就感到驕傲，也感謝我的服務。但是，我離職時完全不是這個景象。

就在聖誕節前幾周，我竟然無預警地被公司解僱，對我來說簡直是青天霹靂。我在新職位的表現相當良好，實在想不通怎麼會發生這種事？將近兩天的時間，我幾乎無法動彈，心中充滿了憤怒、羞愧、尷尬和絕望。我現在該怎麼辦？我哭了，一邊處理著自己的情緒，一邊像個夜貓子晚睡晚起。我也大量去散步。我的生命力已經被這家公司，以及無止境的戲劇化情節給榨乾了，我知道自己需要充電。

不到一周，我開始著手撰寫電子報，學習電子報軟體比想像中的要簡單很多，而新的客戶在得知我的服務項目後，也跟我預約了療程。突然間，這八年來我第一次手邊有空閒的時間，我也利用這空檔參加團體活動，並自發地分享能量療癒的練習法。我越是分享，越是協助客戶做療程，我就越是熱愛這份療癒工作，我的生意也蒸蒸日上。

不到兩個月的時間，我了解到自己不可能再受雇於人了，這是一個真正的頓悟。那天，我答應與一群媽媽分享一種稱為情緒療癒（EFT；又稱情緒釋放技術）的能量治療技術，而地點距離我家大約開車一個小時的路程。我當天一大早醒來，感受二月早晨寒冷刺骨，而且這是一場免費的分享會，我必須花時間、油費和道路通行費前往……哎呀，我怎麼會答應這檔差事？但是，就在開車出發的那一刻，我的情緒產生了變化，因為已經被積雪覆蓋好幾個月的大地，那天卻是陽光普照的好日子。燦爛的陽光在冰面上閃閃發光，像是在邀請新的可能性。到了會場，我立刻和分享會的與會者建立起連結，也為她們舉辦了一場附帶講義和現場示範的小型工作坊。分享會原本

保留過去的包袱，未來的幸福快樂就沒有空間可進駐。

——韋恩．L．米斯納（Wayne L. Misner）／美國作家

預定一個小時結束，但是時間到了仍沒有人想離開會場，包括我在內。

分享會結束後，我在市中心逛了一會兒，喝了杯蔬果汁，然後前往附近很喜歡的一家印度餐廳吃午飯，我感到幸福又快樂。在回程的路上，我突然想起這一天正是前雇主如火如荼進行的另一項線上商品的上市時間。如果我還在那裡工作，應該一大早六點半就開始工作，不僅要回覆電子郵件和處理各路人馬的疑難雜症，還得在短暫的休息時間把食物狼吞虎嚥地塞進肚子裡，一路忙到晚上十點才能下班。下班後，我大概會對著電視發呆一陣子，接著便倒在床上昏睡，日子就會在這種一再重複的工作場景中度過。我知道自己再也不必過這樣的生活，也感覺到自己的心胸打開了，身體裡充滿了愛和感激。

我現在的生活是自己選擇的。我可以選擇做我喜歡做的事情，與不可思議的人建立聯繫，並分享希望、療癒和幸福的福音。

一種沉重感迅速離開了我。我釋放憤怒，消化羞恥感，並原諒過去自己遇到的那些「壓迫者」。我發現有些時候一個人身上的光芒，是無論處在什麼樣的環境都難以掩蓋的。從坦白到接近殘忍的角度來說，我知道只要自己還在那間公司工作，就永遠不會有時間、精力和動力來建立自己的事業。我那時還不想離開公司，是因為覺得自己還沒有規畫好，宇宙大腳一踢把我踢出了這個舒適圈。一開始我對自己的計畫非常自以為是，並且責怪宇宙。我在被踢飛的過程，因為極力掙扎想留在原地而把自己弄得渾身是傷，我也非常擔心他人對我的評價——然後最意想不到的奇蹟發生了：我飛起來了。

我在寫這段文字時，剛好距離離開那間牢籠五年半的時間。在這段時間裡，我去了自己一直想去的地方旅行；站在數百人的面前演講，有時結束時觀眾甚至還會起立鼓掌；在國內和國際上的工作坊裡教學、結交了許多新朋友；創建了一套成功的實作方法，幫助了成千上萬的人；為一家非常聞名的出版社寫了一本書，也錄製了它的有聲書，而第二本書就是你現在手中這本。我的時間、精力、貢獻、注意力都是我自己的。如果我的前老闆繼續把我留在那裡工作，這一切都不會發生。我正在實現自己渴望的事。

在這段旅程中，最有趣的事情發生了。以前我總是擔心錢，擔心錢不夠用，認為自己需要受雇於人才能養活自己。現在，宇宙是我的僱主，我幾乎從不擔心金流。當我需要資金時，錢總是會適時地出現，而且還經常以令人驚訝的方式出現。當錢流向帳單、開支、捐款時，我會祝福接收者，並且知道自己還有更多金錢可用。當我需要時間寫作、研究、旅行或充電時，案源會暫時枯竭，好讓我有時間和精力去做自己最需要的事情。我的需求總是會得到滿足。

宇宙在我準備好之前，就決定好我已經可以出發了。它在我的生活中創造了一個充滿我的靈魂目標的空位。我處在震驚、尷尬和恐懼中的時候，自然無法看到這一點，只有持續處理自己的感受並堅信這股變化有所益處，理想中的完美生活才會顯現出來。我能夠意識到自己所經歷的一切，完全按照它所需要的方式發生。這一切都是完美的。

你如果不創造空缺，那麼可能會有人為你創造空缺。根據我的經驗，你自己制定的計畫，總是會比你無法控制的那個計畫要來得溫和。

斷捨離清出空位實例

1. **衣物斷捨離：**如果你的衣櫥滿是老舊、過時且不合身的衣物，請把它們捐出去。通常，接受我建議的每一個人都會回報說，他們很快就找到了更棒的衣物，而且都還有折扣呢。
2. **旅行：**你想到某個地方去旅行，但是目前沒有旅費和時間。我建議先決定自己想要出發旅行的日子為何時，並記錄在行事曆上（就算是兩年之後也沒關係），並為這趟旅行命名，例如：「我的花都巴黎之旅」。之後，寄電子郵件向人事部請假，並告知親朋好友：「我將在七月的第二周休假和旅行。」不需要告訴他人你正在為自己的夢想之旅創造空位，以便顯化實現你的巴黎之旅，你只需要讓他們感受你即將遠行的興奮之情即可。騰出空位讓你的旅行有機會實現。

3. **家具斷捨離**：你受夠了那台老是讓蔬菜沙拉凍成冰棒的爛冰箱，請開始搜尋哪裡可以把舊冰箱捐出去或丟棄的場所；或者問問是否有人需要免費冰箱；或是吃光冷凍庫裡的食物，以減輕冰箱馬達的工作負擔；抑或是為冰箱來個大掃除。總之，為家具清出空位，以便迎接嶄新的物品到來。

清出空位跟顯化有什麼關聯？

清理櫥櫃，把不要的文件用碎紙機攪碎，還有認清現實吧，你永遠不會用到那台

那時的我沒有遠見，但事實證明，被蘋果公司開除對我來說是件很棒的事。成功的重擔被再次成為初學者的輕鬆所取代，一切都不確定。它讓我自由自在地進入了我生命中最具創造力的時期之一。

——史蒂夫・賈伯斯／蘋果公司聯合創辦人

製作帕尼尼三明治的麵包機，何不送給會使用它的人呢？阿嬤送你的那幅古董畫作，雖然大家都說那是珍貴的傳家寶，但每次你經過那幅畫都會毛骨悚然，還是請把它賣了或送給其他家人吧。如果你需要財源廣進，就從居家斷捨離開始。雜物阻塞了能量的流動，阻止了新事物進駐，包括現金。最能有效顯化金流的一個方法就是，從居家事物的斷捨離開始。

顯化步驟小練習

居家環境斷捨離

1. 好好檢視你的居家環境，評估一下房間、走廊、壁櫥、閣樓、地下室和車庫。哪些區域堆著雜物？把它都寫下來。這也包括電子設備上的儲存空間。
2. 針對每個區域，詳細說明雜物的性質（例如：未歸檔的文件、孩子堆積如山的舊作業簿、未曾配戴的珠寶、舊衣服等）。
3. 寫個計畫來消除這些雜亂的物品。你可以尋找能捐贈物品的地方，或是可以轉贈給朋友。

4. 你需要他人幫助嗎？寫下那些你認識而且可能願意提供幫助的人的姓名，或是需要聘請的專業人員姓名。你也可以考慮以物易物的方式，例如：朋友幫助你，然後你也反過來幫助他們。如果你一個人選都不認識，請肯定地說：「我吸引正確且完美的協助，以便創造一個健康、有序和寧靜的家。」

顯化補給站

正向宣言中，我最喜歡的九個描述富裕生活的用字！

1. 我是欣欣向榮的。
2. 我在……是豐盛的。
3. 我在……自由的。
4. 生命在……是奢華的。
5. 生命在……是優雅的。
6. 生命在……是豐饒的。

7. 宇宙在……是豐盛的。

8. 宇宙在……是繁榮的。

9. 宇宙在……是富有創造力的。

6 顯化的祕密法則六：你有你想要的，而宇宙也有祂想給你的

並非所有的欲望都是平等的。也許，你正積極地執行顯化的過程，但是可能沒有成效，或者起了作用，但是結果不是你所想要的那樣。如果你遇到這樣的狀況，就表示你的意圖並不是來自宇宙，而是來自不恰當的欲望。有時候，我們想要顯化的東西實際上完全不是自己真正想要的，而我們卻不知道。我們想要顯化的東西可能是父母、教會、學校或整個社會告訴我們，什麼才是我們想要的。

有幾次我和客戶合作時，上帝（宇宙）的旨意就很清楚。珍妮會來找我是因為她對工作不滿意。她在一家頂尖的行銷公司擔任高級主管，公司的創造力和創新能力激發了她的靈感，但是公司內部的惡性競爭和暗箭傷人，倒是令人不敢恭維。公司給的薪水很優渥，但因公出差卻令人不愉快；她不知道該如何快樂地工作。在那裡工作的優點很明顯大於缺點，但是她發現自己每天早上越來越難起床。每天，她都告訴自己幸福又快樂，並專注於她的感恩之心，但工作仍然讓她想要躲避。她因此責備自己不

知感恩，因為很多人都欣羨這份工作，她也責備自己為什麼不更堅強一點呢？珍妮是個敏感、善良的人，無法理解為什麼公司有很多人不願意一起努力，把專案做好。我很清楚，這個工作環境根本就不適合她。對於某些人來說，高壓和競爭會使他們感到振奮和精力充沛，但不適合珍妮這樣的人。老是感覺被人針對而且不安全，會讓珍妮的創造力萎縮，並剝奪她的快樂。

珍妮可能會在未來的十年中，一直認為這份將她榨乾的工作是自己的夢幻工作，而且日復一日不會有什麼改變。但這份工作並不符合她的個人特質和需求。她可能也會一直告訴自己：「這份工作很適合我，這就是我該待的地方，無論如何我都會讓自己在這裡很開心。」身為一個生性固執的人，我很能了解這些想法。你大概無法想像，有多少次我試圖要讓某些東西變成自己想要的，而且還是很明顯辦不到的那種。這就如同試圖在沙漠中種植一棵松樹；環境條件就是不允許啊。

當我還在社會服務單位工作時，有一段時間我們部門的業績沒有成長，當然也沒有加薪，什麼進展都沒有。儘管我勤奮努力、兢兢業業，在自己的工作中做出不錯的績效，而且也使用了許多肯定語，希望得到更多的金錢和獲得高層管理的職位。我不能理解為什麼自己想要的一切都沒有發生。有一天晚上，我正在重讀十九世紀思想家愛默生（Ralph Waldo Emerson）的一篇文章，偶然發現一段讓我驚訝萬分的段落。他基本上是說，如果待在錯誤的地方，那麼無論多麼努力，你就是不會成功。好一記當頭棒喝啊，這是來自一百七十年前嚴厲的靈性之愛。

為什麼珍妮在這份工作上堅持了這麼久呢？因為薪水優渥，而且她已經在這行努力了十八年。不只父母親為她感到驕傲，當其他人問起她的工作時，珍妮也覺得說出自己的工作很光榮。再說，她已年近四十，怎麼可能現在說轉行就轉行？下次高中同學聚會時，她要拿什麼來說呢？

可惜的是，宇宙和你的靈魂並不關心這些。

當你的所想所欲與你靈魂此生要做的事情一致時，願望的顯化就很容易開展。當它們相互違背、不一致時，要麼願望就不會實現，要麼產生的結果讓人感到灰心和不滿意。有時候這是因為你把自己想得過於渺小所致。你依照自己所相信的自我價值，把自己的願望縮小了。一旦你的自我價值增長了，你的願望就會得到大幅度的升級，然後繁花盛開，願望就具體地實現了。

身而為人意味著你會犯錯。而你之所以會犯錯，是因為失敗是上帝將你帶往另一個方向的方式。

——歐普拉．溫弗蕾／美國知名脫口秀主持人有時候心想事不成是因為你想的目標有點好高騖遠。這並不是說你不能渴望宏大的目標，而是因為目標可能對現階段的你來說太大了，所以通常需要一些中間的步驟，先實現一些較小的里程碑，再逐漸接近你的終極目標。你想想，沒有人能從郵件室的工作，直接轉換到公司執行長的職務啊。TMZ這本美國洛杉磯的名人八卦雜誌，充斥著各種因一夜成名而出事的名人的恐怖故事。對於願望的顯化，你是需要成長和學習的，這種成長是在為你所尋求的最終結果做好準備。把它切成一塊塊適口的大小，這樣才不會噎到。也有些時候，你所嘗試創造的內容則是完全偏題了。你當然可以用自己的精力為別人創造完美的生活，然而，即使真的做到了，你本身也不會因此過得心滿意足。

珍妮開始在當地社區的青少年藝術計畫中當志工。她的創造力回來了，她也經常把自己示範的藝術品帶回家完成。她越來越期待和那些孩子相處，看著他們因驚奇而睜大的雙眼、聽著他們略帶諷刺的笑話，以及感受他們高昂的能量。一切都是那麼地順理成章。幾個月後，得知負責此社區計畫的執行長即將退休的時候，她很意外自己竟然表示：「我有意願接任這個職位。」珍妮過去在行銷領域的工作經驗，對董事會非常有吸引力，因為董事會希望擴展業務、增加贊助金額，並提高此非營利機構的知名度。她順利獲得這份工作，但也有點嚇壞了，因為她從來沒有當過公司執行長，也沒有在非營利領域工作過，然而無法否認的是，這感覺就是對極了。

珍妮雖然失去約百分之十五的收入，但是每周多了十五到二十小時的自由時光，她把這些時間花在自己的藝術創作上，也開始販售作品了。不到兩年的時間，她賺到的金錢比之前都要多更多。獲得比較好的睡眠品質和輕鬆感，也讓珍妮的高血壓問題從此煙消雲散。

宣告自己要的是什麼，同時，在整個過程中對靈感保持開放的態度。宇宙比你更了解你自己，並且會提供你令人興奮的念頭。

這都是創造性實驗的一部分。

宣告你要什麼。

釋放你的執著。

期待美好的事物。

敞開心胸。

優雅地接受。

我正努力改善的兩件事是：開放性和靈活性。

——莉莉．泰勒／美國女演員

7 顯化的祕密法則七：臣服與操控

顯化是一種介於操控與臣服之間的舞蹈。

那裡有著你可以操控的事物——你的想法和感受；清楚自己要的是什麼；養成為夢想服務的習慣；原諒自己、宇宙和其他人。以上這些事項需要有意識的控制。沒有受到檢視的想法，很容易讓人做出錯誤的假設，進而走上顛簸的旅程。被壓抑以及未處理的情緒，通常會在最糟的時候浮現。你要對自己負責；你要讓自己內在的控制狂知道這是他們的工作。

接下來是臣服。

通常「臣服」這個詞帶有放棄、揮舞著白旗投降與認輸的意象，像是束手無策，令人崩潰的最後一擊等，你也可以在這裡隨意填上所想到的陳腔濫調。也難怪大多數人都無法打從心底相信這個練習，因為誰想像個魯蛇呢？

然而要是我告訴你，臣服是讓你擁有更多渴望的事物的關鍵呢？沒錯，你現在已經釐清自己想要的事物，釋放了阻礙，也努力練習。你認真尋找生活中美好的事物，也比以前能看到更多的好事。你已經克服了顛簸之處，回到了正軌，也聽從了直覺的洞見並採取了行動。你已經完成自己該做的努力了，現在，請．放．下．它。

臣服不是放棄，而是把事情發展的掌控權交託給一個比你更偉大的存有。你有你該完成的事項，接下來，就是宇宙的工作了。當你清楚這一點，就不會在那些根本不屬於你的任務上不知所措。宇宙透過時間、地點、機會、合適的人，以及結合這些元素的理想時機，來創造神聖的秩序。

臣服需要信任。無論你和宇宙是新朋友，還是分手後又復合了（這一點聽起來可能會令人感到害怕）。你要如何去信任那看不見的東西呢？或者是相信一種你還不明白的力量；或者，你可能覺得自己被宇宙辜負了呢，抑或是沒有受到保護，甚至是曾遭受宇宙所給予的痛苦懲罰，那該怎麼辦呢？

臣服的片刻不是生命結束的時候，而是生命開始的時候。

——瑪麗安．威廉森（Marianne Williamson）／知名身心靈作家

顯化步驟小練習

用宇宙儀式消除怨懟

現在，向宇宙表達你的不滿的時機到了。你可能不知道：宇宙是可以接受你的不滿的；不論你有多麼怨恨或憤怒，沒什麼是祂不能處理的。

首先，列出每一次你對宇宙（或上帝）感到失望的事件。為每件往事定個標題，並寫下哪裡出了問題，以及這件往事帶給你的感受，包括你對宇宙所產生的一些困惑或不安的舊想法。

現在請勇敢地站起來，讓宇宙知道你不滿的一切。大喊大叫、責備、要求，並說：「我受夠了。」「這太不公平了！」然後想像你的面前有個大盒子，然後對那些回憶事件的標題深吸一口氣，並呼氣到盒子裡，如果過程中浮現任何圖片或符號，也將它們扔進那個盒子裡，接著把蓋子蓋上，並觀想自己把整個盒子交給宇宙，譬如把盒子放入一個巨大的光球中，或者放進星星裡面。

吸氣、吐氣，放下它，並說：「宇宙，我把一切怨懟交給你。我受夠了。請協助我記住我所需要學習的人生課題，並把它們烙印（或編寫）在我的細胞中。請為我化解痛苦，並讓我自由。此刻，我全然地把這一切交付給你。」

如果有情緒浮現，請讓它流動並觀想這股情緒也流向宇宙。眼淚是我們身體內建的釋放閥，用呼吸讓情緒流動，並讓情緒從身上離開。

現在請說：「宇宙，我願意和你建立新的關係，我願意和你一起為我的夢想努力，我願意現在就清楚地見到你。請把我轉變成一個有信任能力的人。每一天，請向我展現你是愛我、保護我和指引我的。請向我示現，讓我可以用自己最重要的人生目標來信任你。請指引我該怎麼做。」

購買一個象徵跟宇宙的關係重新開始，以及代表人生新起點的物品，也許是鮮花、新的植物或珠寶。有時候，這步驟可能需要重複練習，例如：對宇宙又有新的失望出現了（但不常如此）。請不要低估這種儀式的效果，我有很多學生如釋重負地跟我回報：他們鬆了一口氣，因為自己不會因為對宇宙生氣而受到懲罰；因為自己可以向宇宙表明立場；因為自己能夠依照個人目前所理解的，來和宇宙建立新的關係。更感寬慰的是，他們能把

試試不一樣的法子——臣服。

——魯米／十三世紀伊斯蘭教蘇菲派詩人

顯化最困難的部分交付給宇宙。

以下是宇宙的工作：

- 校準所有正確的元素。
- 透過人、環境、思想、身體，以及所有需要轉化的事物，讓顯化發生。
- 設定完美時機。
- 提供「該怎麼做」的方法。

每當你對上述問題感到疑惑時，你現在知道了：這不是你能操控的，這是宇宙的工作，把它交付出去，然後回到自己的人生任務裡；或是設定完，就把它給忘了。你所能盡力執行的部分可能已經很完善了，接下來請放下它，並專注於感受當下的樂趣與快樂。

PART

2

九個超強的顯化祕密練習

關於顯化練習：你需要謹記在心的事項

在這個旅程當中，請記住一個很重要的觀念：「你不單純只是自己所認為的那樣。」讓我們面對現實吧，很多老派的形而上學，以及一些現代的教義都只聚焦在思想上。

「改變想法，就能改變你的生活。」

「你的念頭創造了實相。」

「你今天的生活就是在實踐昨天的想法。」

我當然也會要求你省視自己消耗了多少心理能量。改變你的想法確實能改變你的生活，因為大多數人在生活中都一遍又一遍地重複相同的思考模式，也陷入永無止境的事件循環中。你是否曾經和好朋友聊過一些他們似乎無法放手的事情呢？例如那位有婚外情的卑鄙前夫？一旦進入此話題，你幾乎可以一字不差地重複你朋友說過的話，因為你已經聽過千百遍了。然而，她又再次開始跳針了，只要前夫的名字出現，就會按下她身上錄音機的播放鈕。通常，這種不停重播的循環，透露出我們因為某個人、某個組織或生活本身，而感到失望的經歷。任何讓你感覺受到傷害、沒有獲得澄清的地方，都表示這是需要治癒的障礙。這種療癒可以發生在創造的精神層面上，也可能發生在其他層面上。

除了在創造的精神層面能發揮功效的練習之外，我也會介紹其他一些能夠在情感、身體和能量創造層面上發揮功效的練習。有一些顯化形式和實現它們的障礙，是可以透過不同的角度來達成的。這為你提供了多種可嘗試的選擇，以測試什麼最適合你，而什麼不適合。

性情

我相信各種練習有效或無效，可能與個人的性情有關。我們每個人與生俱來都有自己的個性和脾氣，或是傾向產生某些情緒，有在照顧孩子的人都能明瞭這一點。雖然我們都受到出生的家庭、文化、宗教（或沒有宗教）和社會群體的強大影響，因此某些部分的我們是不可改變的。這類人的性格到底是靠「先天遺傳」還是「後天養育」的辯論就很有趣。研究人員對一雙出生時就分離，並成長於截然不同家庭中的同卵雙胞胎研究所產生的結果感到意外：孩子完全不是一張白紙啊。

我在自己的生活中也見識到了這一點，因為在過去的三十年裡，我本身就產生了許多深刻的變化。過去我深受社交焦慮所擾，光是和認識的人交談就已經夠難了，遑論跟陌生人交談，那對我來說簡直是天方夜譚。而現在的我，在飛機上能和鄰座旅客自在聊天，也能在會議上輕鬆地自我介紹，還能站在舞台上面對數百人侃侃而談。社交焦慮不是我與生俱來的性格，而是一種可以治癒的狀態。如果我認定自己是個害羞的人，可能就不會意識到這個特質是可以改變的。我仍是個非常內向的人，然而，我也有外向的時候，像是在舉辦喧鬧的萬聖節派對時，我體內狂野、奔放的一面就會被召喚出來。然而，在平日的夜晚，你不會在酒吧的人群中看到我。我更喜歡一對一的談話，安靜地閱讀、從事創造性活動，以及進行靈性修練；這反而才是我平時的樣子。

你或許是善於思考的人，可能曾經花好幾個小時在網路上尋找合適的租車公司，或是研究飛船與登堡號空難背後的歷史。我會建議你從心理層面的顯化練習著手，這能讓你感到更舒服並產生更好的結果。如果你是個富有同情心、心胸寬廣、敏感的人，心理層面的顯化練習可能對你沒什麼效果。對你來說，情緒層面的練習會讓顯化過程變得比較容易，你也會更樂在其中。

創造過程的不同層面

心理層面：隨想法改變，開闢新的神經通路
情緒層面：喚起特定的感覺狀態
肉體層面：用運動來體現想要的創造
能量層面：與身體的自然能量場合作，創造新的存在狀態

以上這些層面都是依照不同角度所創造出來的方法，你可以從中找到最適合你的角度來執行。

本書會提供你許多不同的練習，幫助你掌握生命的能量，並顯化自己的夢想。在多數情況下，你會有多種選擇，如果在某個層面的練習無法激發你的熱情，可以改試另一個層面的練習。讓顯化過程抱持愉快和有趣是很重要的，你越是喜歡這些練習，你的感覺就會越美好，你就越有可能讓它們成為自己生活的一部分。剛開始你可能是針對特定的目標進行顯化練習，等目標實現了，再找下一個進行。這是一種有效的方法，定期將這些練習融入你的生活，將以最優質的方式推動生活各個面向往前邁進。

8 顯化的祕密練習一：正向宣言與腳本

正向肯定語

正向肯定語是關於靈性事實的描述；你在肯定自己所相信、所感受或擁有的事物。正向肯定語所使用的時態是現在式，就如同你已經在經歷此狀態。正向肯定語能為潛意識設下程式，如果你能夠定期練習，便可以刪除過去那些與你目前想要創建的事物相反的想法。

正向肯定語在本質上可以是世俗的，也可以是靈性的。你可以實驗看看哪些可以為你減輕壓力，並帶來正向的鼓舞作用。

如何創造正向肯定語

請從心裡創造一個自己想要的結果開始。

你渴望什麼呢？想要有什麼樣的感受呢？願望實現的當下，你會說什麼呢？請從「我是／我能夠……」這樣的肯定語開始，效果永遠會超乎你的期待。

特定的正向肯定語

這些是為特定情況量身訂做的句子，常用來解決當下所面臨的某些狀態。以下是範例：

我有足夠的錢修車，以及支付優步（Uber）車資。

我能自信且稱職地領導這次會議。

我每個月都能輕鬆地付清房租。

宇宙現在就為我帶來了一位理想的伴侶。

注意自己在說「我是／我能夠……」的當下，因為，當你在說這句話的同時，你也在創造自己的人生。

——艾倫．科漢／知名心靈成長大師

一般的正向肯定語

這些句子肯定的是你普遍的狀態、感受與健康。以下是範例：

一切都按照我的方式進行。

我吉星高照。

我的生活很幸福，我很滿足。

宇宙正在提供我所需要的一切。

要是你覺得這些正向肯定語很難以置信該怎麼辦？不用擔心，剛開始都是這樣子，因為如果它們已經是可信的，你就不需要特別說出來了。

1. 重複不僅使它們變得可信，而且還會讓它們顯化；因此，盡可能多重複吧。
2. 你可以先用「我願意」、「我願意相信」之類的短語，來修飾肯定語，例如：「我願意向提供我一切所需的宇宙敞開。」「我願意相信宇宙會提供我所需要的一切。」一旦你的意願或信任程度提升，抵抗宇宙的力度降低，你就可以直接邁向你所想要體驗的結果了。

如何使用正向肯定語

1. 在心裡默念：正向肯定語以簡短好記為佳。請儘量聚焦在一到兩個相關的自我成長領域，然後不斷反覆默念，尤其是在等待或覺得無聊的空檔時間，例如：

- 通勤時間
- 等紅綠燈時
- 洗澡時
- 剛起床或就寢前
- 在店裡排隊等待時
- 走路或運動時
- 打掃時
- 在不重要的會議中

把默念正向肯定語融入日常生活中，讓它成為一項積極的習慣。

2. 勇敢地大聲說出來：你也可以在前述情境中，大聲說出自己的正向肯定語。很多人相信，大聲說出肯定語可以在潛意識中加強這項顯化的指令。

3. 寫下來：關鍵同樣是「重複」。在你的筆記本中，反覆書寫正向肯定語。這麼做可能會讓你覺得自己像是動畫《辛普森家庭》中的霸子・辛普森。每一集的開場，他都會在黑板上罰寫自己再也不會從事的某項行為。但是，請留意，重複書寫你的正向肯定語絕對不是懲罰，你可以藉由播放純音樂或提振精神的音樂來讓書寫變得更有趣。

4. 放在你的枕頭下：寫下你的正向肯定，每晚閱讀後，把它放在枕頭下，隔天早上醒來時再讀一次。

5. 張貼出來：把正向肯定語列印或書寫好幾份之後，四處張貼，例如臥室裡的鏡子、車子裡、廚房櫃子、電視遙控器上。但是，可別只是貼著就好，請好好善用這些紙張，每次看見正向肯定語就請你複誦一次。

6. 唱誦：我不是作曲家，但是每次遇到可能無法準時抵達辦公室的情況，我都會即興創作一些小曲子，例如：

綠燈，一路都是綠燈，
綠燈，無論我到哪都是，
綠燈，我所見都是綠燈，
綠燈，讓我通行無阻！

7. 錄音，在睡覺時播放：我是個淺眠的人，因此這個方法對我完全沒效，但我有位同事正是運用這個方法獲得巨大的成功。人的意識在睡眠時無法作用，而潛意識卻是全年無休，這時候反而是它最忙碌的時段，因為忙著在夢中處理你的壓力。若是能夠在如此豐饒的睡眠時段聆聽正向肯定語，很容易就能讓它們生根發芽。請在智慧型手機上錄製一段正向肯定語，並在睡覺時，重複播放此音檔。

8. 將它們與本書所提供的其他方法合併使用：你會在本書看到不同的肯定語運用方式，我也都會提供範例。我鼓勵你使用自己的聲音和喜歡的用語，以及對你有意義的詞彙來創造客製化的正向肯定語。你越覺得這些語句有意義、真實，肯定語所能發揮的功效就越大。

想像力是通往四方的金色大道。

——泰瑞司．麥肯南（Terence McKenna）／美國神祕學家、民族植物學家

編寫腳本

生而為人，說故事是我們分享訊息和人生課題等最有價值的工具，這也是人類幾個世紀以來分享資訊的主要方式。通常，我們會在事件發生之後說故事。但編寫腳本是在編寫還沒發生的故事，內容也能隨你所願地開展，這對某些活動或事件來說特別有效。

我的學生約翰曾經對參加試鏡感到緊張。他是位有才華但年近四十的演員，由於之前的試鏡結果都失敗了，他不禁懷疑從事熱愛的工作是否真的能養活自己。為了試鏡，他會花時間分析角色並做好準備，他會提早到試鏡地點，穿著得體，並努力取悅在座的選角人員。然而經歷數十次的失敗，他只被告知表演不符合評選人員的需求——可是，這是十二個不同的表演計畫，而且選角人員都不相同，那麼問題似乎就出在約翰自己身上。

由於約翰對腳本很熟悉，因此我鼓勵他先約略寫出下一場試鏡會發生的事。我問他：試鏡時最好的情況是什麼？你想要什麼樣的感受？他的答案是：

- 我希望對試鏡程序感到自在，而且不在意自己是否能獲得那個角色，也就是不去擔心即將到來的試鏡會有什麼狀況發生。

- 我會以自己所感覺到的最佳角度來詮釋這個角色，而不是去猜測選角人員要的是什麼。因為過去的經驗告訴我，我非常不會猜他們的喜好。
- 我要享受整個試鏡過程，享受與選角人員的會面而不是害怕，並且對於整個試鏡過程能抱著參與遊戲的愉快心情。
- 我不希望選角人員當場拒絕我，如果他們不錄用我，可以用電子郵件通知。

於是我請他把以上的訊息，用「現在式」的句型，編寫出屬於他自己的試鏡肯定語。

我的試鏡

這項表演計畫和潛在的演出機會讓我感到很興奮。我開車抵達試鏡地點時，所有的緊張感都會消失。我相信，如果這項表演適合我，試鏡會很順利。報到時，我不太

相信自己腦袋裡說「如果能……，不將會更有趣嗎」的細語呢喃。

——杜恩・麥克斯（Duane Michals）／美國攝影師

會注意到其他試鏡者，而是專注在自己的劇本上。我允許試鏡角色經由我活靈活現地呈現出來。我記得自己為什麼熱愛這份工作。試鏡的評選人員都很和善、開放，而且熱情友好。我的試鏡順利，且都達標。他們全神貫注地看我的表演，並尊重我的演出。離開試鏡會場時，我覺得自己有價值且受到重視。我愛試鏡！

接下來的試鏡，幾乎完全符合約翰所編寫的正向肯定語。除此之外，還有個意外的驚喜：他在試鏡會場巧遇一位以前在同個演員訓練班的老朋友，他還告訴約翰另一項表演有個適合他的完美角色。約翰並沒有獲得前一個試鏡的角色，但是拿到了朋友所推薦的那個角色，這也讓他首次登上電視。之後，約翰就把他的服務生圍裙束之高閣，成為以表演維生的全職演員了。

9 顯化的祕密練習二：祈禱與正向意念

如果你成長的家庭沒有祈禱的習慣，這個做法可能會讓你覺得很困惑、難以招架，或覺得很荒謬。很多人都曾跟我說：「祈禱怎麼可能會有效果？」如果你的成長背景有祈禱的習慣，但是你覺得這麼做沒有用，大概也會有同樣的感覺。

我其實也是個懷疑祈禱是否有效的人。大部分的小孩子都有過幻想朋友，而我的幻想朋友則是神靈。能跟上帝說話，以及跟任何能聽我說話或對我有幫助的隱形存有說話，都令我感到很安慰，我也很自然會這麼做。然而，我內在這個無知、輕信他人的小孩，長成了一個苦澀、憤世嫉俗的年輕人，而這個內在小孩也看到了她的痛心與掙扎。後來在生命中某個特別痛苦的時期，我重拾禱告的習慣，它為我帶

祈禱的力量強大。祈禱能提供療癒力，而且它能改變生命。

——肖恩・迪卡雷修（Shane DeCreshio）／作家

來了巨大的變化。請對祈禱抱持著開放的態度，並嘗試祈禱，看看它能為你的生命帶來什麼影響。

什麼時候祈禱

隨時都可以。我通常會用祈禱開啟與結束我的一天，也會接收到來自世界各地對祈禱的請求，因此，我會另外安排時間為他們祈禱。同時，我也會在一天當中做些比較小型的祈禱。我有時則是直接和宇宙對話，這通常會發生在開車的時候。我會向宇宙報告最新狀況，和宇宙分享我現在的感受，以及我正在夢想什麼；就像是在開一場神性的董事會會議一樣。

如何祈禱

不要想太多，去做就對了。有時在放鬆的時候，我會進入一種靜心的狀態；有時候則會在驚慌失措的時候祈禱。放下任何對、錯的想法，就只是祈禱。你祈禱得越頻繁，就會越清楚什麼對你是有用的。

我在這裡收錄了一些祈禱的範例供你嘗試，也鼓勵自行調整這些範例，或是編寫完全屬於自己的版本。你可以用我的格式，也可以直接大膽地跟宇宙交談。

帶有請求的祈禱

為最棒的生活做準備的祈禱

親愛的宇宙，請為我準備充滿愛、豐盛、幸福以及喜悅的人生。創造一個完美的狀態，好讓我能輕易地接收。請為我打開一切需要敞開的。當我成長時，請協助我感到安心。感謝您為我做的一切。

親愛的宇宙，請讓我這個存在，在任何面向上都準備好與您共同創造至高的絕佳人生。我歡迎您所有的愛以及支持。願一切成功。

當祈禱除去不信任與懷疑，並進入內心的肯定，它就成了信念。

——歐內斯特．霍姆斯／知名宗教心理學權威

關於信任的祈禱

強大的宇宙，請教導我如何信任您，教導我明白所有我需要的事物都會按照神性的時機給予。請幫助我放鬆、放下，並相信我是安全的、被愛著的，而且一切安好。

關於自尊／自我價值的祈禱

宇宙，請消除過去所有我對自己的錯誤想法，並向我示現我是完美的您的一部分。請提升我的標準，向我展現我在各個方面都值得過上美好的生活。謝謝您為我所做的一切。

關於成為一個好的接收者的祈禱

宇宙，請讓我成為能夠輕鬆接收您所有美善事物的敞開通道。請向我展現我需要怎麼做，才能大方地接收。當我接收時請提醒我，我也會同等的付出。感恩一切，我全然交託於您。

關於豐盛的祈禱

宇宙，我明白這是一個豐盛的世界。請向我展現豐盛，並讓它顯化在我生活的各個層面。請敞開您豪華的恩賜，並讓它如雨般灑落在我的意識以及經驗中。感恩您總是傾聽我訴說。我放下對此願的執著，並順其自然。

關於健康的祈禱

宇宙，請把我的身體轉變為快樂、健康，並閃耀著美麗與活力。在我的每個細胞中展示完美的平衡與和諧，並提醒我：我是完整的。

偉大的宇宙，我把健康的狀態以及所有情緒都全然地交付給您。請現在就向我展現恢復活力、健康的方法。感恩您愛我，並接收我的重擔。

正向的祈禱

這裡提供一種正向的祈禱格式。這個方法也叫做「靈性的心理療法」（Spiritual Mind Treatment），是由歐內斯特．霍姆斯所創建的，並且收錄在形而上學的經典巨著《心靈的科學》（The Science of Mind）中。這種祈禱是證實有效的顯化方法。你認知到宇宙的力量，與祂連結，確認你的願望正在發生，感謝願望的發生，然後放下它。

格式中間的部分，就是你想尋求顯化的事物，我在這個部分提供了一些選擇。請挑擇最符合你需求的項目，然後填入開場白與結尾中。

開場白

我知道，唯有一種力量、一種原力創造了一切存有。我知道這個力量就是宇宙。宇宙既是創造者，也是創造物。宇宙無所不知、無所不能；宇宙無處不在，包含在我之內，以及我所存在的各個層面。祂就是如此的存在，沒有分離。當我想到這點，當我這麼說，我釋放了一種內在認知，而且我記起……

結尾

我極為感謝神性的顯化。我全心全意地接受神性的顯化，並感謝祂。謝謝你，宇宙，賜予我這美好。如今，我臣服、放下並進入唯一的時刻，那就是當下，並相信顯化已經完美地完成了。誠心所願。

按照主題的正向意念

接下來是我所提供的正向意念祈禱詞，你可以參考、改寫後填入中間。

金錢／豐盛

請宇宙消除我所有關於匱乏的想法。我的生命豐盛滿溢，我有足夠的金錢支付所有的開銷、欲望、存款以及分享。我自在地知道自己在各個方面都是豐足的。我值得擁有這一切及更多的美好。

就業

我在最適合自己的地方工作。這個工作充分運用我的才能與天賦，並給我空間成長。我為自己喜歡以及尊重的人工作並共事，而他們也同樣喜歡我、尊重我。我享受工作的每一個層面，以及豐厚的薪水。

健康

我身體裡面各種不舒服的感受都永久消除了。我的身體現在充滿宇宙的生命力。我生活與行動都帶著充沛的能量、彈性和力量。我身體裡的所有系統都完美、相互和諧地運作著。

自愛

環繞著我的宇宙和我內在的宇宙都無條件地愛著我，任何與祂背道而馳的都會離開我。只有愛，我選擇去愛，和接受所有我喜歡和認可的部分，以及其他所有一切。我是這個無限生命本質的愛子，且值得所有的愛，包括我自己的。我現在慷慨地給予自己愛。

愉快的旅遊

這趟旅程的各個層面都掌握在宇宙的手中。所有的行程都安全、舒適以及準時。我需要明白的任何事物，我都明白；任何我需要看見的事物，我都會看見；任何我需要遇見的人，我都會遇見。我經驗到深刻的喜悅和滿足，因為這趟旅程是依照神性的順序開展。當我沉浸在此美麗的世界中，我充滿了敬畏、驚奇與恩典。

友誼／社團

我找到了自己所屬的族群。我的周圍都是志同道合、值得信賴、充滿愛心的人，

當生命自成一種祈禱，我們就和愛以及生命的源頭產生了連結。

——布萊恩．哈丁（Brian Hardin）／美國知名牧師

他們映照出我最深層的信仰和價值觀。我喜歡彼此聚在一起的社交時光，我們在分享歡笑、樂趣和豐富的對話。我欣賞我們如何慷慨大方地現身，並相互支持。我很開心自己被看見、被認識和被愛。

情愛關係／理想伴侶

我正在吸引合適和完美的生活伴侶進入我的世界。我們在正確的時間以完美的方式相遇，彼此認知到我們之間存在神聖的連結。我們心靈相通；我們喜歡彼此交談；我們在情緒上連結在一起。我們相互提供愛、溫柔、同情和理解，感受真正內心的連結。我們在肉體上連結，並且瘋狂地吸引彼此。我們在靈性上連結在一起。我的伴侶對我來說就像家一樣，我對他也是如此。我們相互給予，也喜悅地相互接受。我們一起慶祝彼此的愛以及慶祝宇宙。

讓祈禱成為顯化旅程的一部分，能確保你不孤單，並讓最強大的支持變為可能。

10 顯化的祕密練習三：受啟發的行動與請求示現徵兆

在通往顯化的道路上，需要你付出行動來配合，比較理想的是那些受到啟發所產生的行動。也就是說，你先把顯化的道路創建在意識中，在你的能量場中那個不可見的平原上創造出來。在那裡，你的目標會變得清晰、看到影像、做白日夢、培養感受、消除阻礙、把意念具體化，並且臣服。然後你會出現採取特定行動的衝動、想法、靈感以及動力；當這些狀態出現時，請立刻採取行動。

你是否曾有寄出數十份履歷表，最後都石沉大海的經驗呢？那是一種沒有回報的投資。傳統智慧教我們要盡可能多寄履歷，廣泛撒網，多多益善。在顯化的旅途中，

記住那些沉默的奇蹟。世界對它們的需要，遠比對戰士的需要多更多。

——查爾斯・德林（Charles de Lint）／作家

有時候需要你堅持不懈，但是分散你的能量，是不會有回報的。

受到啟發的行動是強而有力的，因為你的行動能創造結果。這會節省時間、精力、金錢，以及動力。以下是我學生的幾個例子：

卡菈有意識地創造了一段神聖的愛情關係。自從五年前經歷了一場痛苦的離婚以來，她就再也沒有約會過，離婚帶來很多卡菈不想要有長期伴侶的證明。她花時間清理過去，此舉也揭示了她想尋找新感情的希望。她開始想像與伴侶有著深入的談話、周日早晨相互依偎，以及她非常嚮往的紐西蘭之旅，並與男伴手牽手同行。在培養對於真愛的想法和感受的過程中，卡菈不顧朋友的催促，暫停使用網路約會軟體，並在實體聚會上積極發掘有潛力的異性，即便如此，她還是覺得有哪裡不對勁。

後來，她的高中好友史蒂夫在臉書上找到了她。有天晚上，他們聊了好幾個小時，談及過去三十年來所有的精彩時刻和低潮期。過了這麼多年他們居然能重新聯絡上，感覺很有共時性。卡菈提到自己正在考慮學習銷售房地產，史蒂夫建議她聯繫他最近聘請的一位專員。湯尼不僅出售房地產，也培訓新的房地產專員，他也許可以提供一些建議給卡菈。儘管還不確定自己是否準備好開始這次的冒險，但是她覺得打電話給湯尼是個正確的做法。一般來說，卡菈並不習慣與她不認識的人聯繫，但她發現自己還是打了電話。一開口和湯尼說話，他就有股熟悉感，而且親切又知識淵博，卡菈頓時覺得很放鬆。他們的友誼在湯尼建議她所需要學習的課程以及要注意的陷阱中，逐漸建立了起來。兩個月內，他們開始約會，並在一年內結了婚。一切就像奇蹟般的一一到位。

打電話給湯尼是個接收到靈感而採取的行動，這行動甚至跟愛情一點關係都沒有。然而，就因為它是個建議，所以讓人感到簡單、舒適，而且是正確的。從某方面來說，卡菈知道屬於她的男人不在網路上，也不在交友圈裡。她等到靈感的出現，便立刻付出行動。卡菈的老朋友史蒂夫是個指引，不久後，她問史蒂夫為什麼會在那個時間點想要跟自己聯絡。史蒂夫說他看了一部關於溜冰的紀錄片，想起來溜冰是卡菈高中時期最喜歡從事的運動，突然興起跟她聯絡的念頭。因此，實際上是兩個由靈感指引的行動，把卡菈和湯尼湊合在一起。

奧馬爾是心不甘情不願地來到我的課程。他的男朋友派翠克是我的客戶，他曾溫和地建議奧馬爾來上我的課，最後是急切地催促他過來。

奧馬爾非常厭惡自己在一家著名律師事務所擔任會計師的工作，而派翠克無法忍受他每天抱怨同樣的問題，因此對他發出了最後通牒：奧馬爾要麼來上我的課，要麼不要再抱怨這份工作。奧馬爾不是很相信這些顯化的祕密，但是他承認派翠克自從成為顯化者之後，生活發生了巨大的變化。

奧馬爾了解到自己確實喜歡數字和預算，這些對他來說很簡單，問題出在工作環境讓人感到壓抑。正式的西裝、無止境的會議、咄咄逼人的同事，以及各式各樣「極迫切」的要求，即使在周末也是如此。他累到連自己的履歷都無法更新，更別提找工作了，而且他怎麼能拋下豐厚的薪水和津貼呢？我建議他在心裡暫時把這份工作擱置一旁。去上班，經歷這些工作現場，但抱持著超然（不依附）的感覺。我幫助他消除了在周末時關閉公務信箱的恐懼。令他驚訝的是，在設下界限後，即使有什麼狀況他也都能處理。他開始清楚自己所希望的理想工作和生活是什麼樣子：更短的工作時間、更輕鬆的通勤、更柔和且更具社會意識的公司氛圍、有幽默感的同事和休閒裝束。他也很確定自己想要什麼樣的感覺：被重視、受尊重、放鬆和快樂。

在我的課程結束前，他在領英（LinkedIn）收到了一位前同事的訊息。五年前，這位同事一怒之下離開了律師事務所，奧馬爾很驚訝他竟然還記得自己。羅文現在是一家大型科技公司的律師，他們正在尋找條件與奧馬爾相當的會計師。懷抱著嶄新的前進動力，奧馬爾更新了履歷並立即發送郵件。面試的場所是在一處有趣的閣樓空間，他受到該公司員工的熱情歡迎，他們分享了公司的許多優點，像是他可以請有薪假去當志工、公司會舉辦熱帶動腦僻靜營，以及強調適當的工作與生活平衡。執行長和奧馬爾曾是同一所大學兄弟會的成員，這一點拉近了雙方的距離，最後他得到了這份工作，同時薪水增加了百分之十，通勤時間縮短了十五分鐘。一年後，派翠克對這間公司所展現出來的支持性感到印象深刻，也以平面設計師的身分，加入了工作團隊。

只要奧馬爾還是感到筋疲力竭，並卡在負面狀態裡，就很難找到新工作，更不用談適合的工作了。一旦他立下界限、清除恐懼，並創造出自己所想要的工作環境意象，神性的機會自然就會出現，而且他也準備好付諸行動。

前面這兩個案例中，宇宙透過我學生過去就認識的人，為他們提供顯化的可能。接下來的案例則是不一樣的情況。

凱莉從小就是才華洋溢的畫家，她媽媽總是吹噓說：「你還不會走路時就會畫畫了！」生下第三個孩子之後，凱莉為了在母親的身分和全職工作中取得平衡，便決定先將藝術創作擱置一兩年。她原本是這樣計畫，但是等她再度拿起畫筆已經是十三年後了。她想重新開始，但每次坐在畫架前都覺得生疏、沒有靈感。後來她開始做顯化的意像觀想時，她想像中的畫面是在畫廊展售自己的作品。在原諒自己長時間停止創作之後，她知道自己渴望充滿靈感，並對生活有著滿滿熱情。

有個朋友提到自己參加了一部以藝術家梵谷為原型，精彩的仿百老匯音樂劇演出，但並沒有引起凱莉的注意。後來有另一名朋友從荷蘭旅行回來，跟凱莉分享了自己在梵谷博物館是如何地深受感動。嗯，凱莉想起自己一直都不是梵谷的粉絲。凱莉的孩子也跟她談到在學校學到梵谷這位藝術家，而凱莉依然沒反應。直到某天，她在逛最喜歡的書店時，被一本梵谷作品的日曆所吸引，日曆剛好打二五折，她認為兒子可能會喜歡上面的照片。買下日曆後過了兩天，她忽然半夜醒來，再也睡不著，接著便發現自己正入迷地瀏覽這本日曆，有如首次看見梵谷的作品一樣。她拿出一張畫板，以一種前所未有的流暢感開始作畫，到了早上她還在畫。這幅畫以一種獨特的風格吸引了她。兩年後，她舉辦了個人第一次的藝廊展覽。

凱莉其實一直都有接收到，這位離世已久的藝術家會是她找到新畫風的關鍵。然而由於梵谷畫作的普遍性，以及她過往的印象，凱莉一直把來到眼前的徵兆與暗示給擱置一旁，直到她受到日曆的吸引，而這個受到靈感啟發的行動，才為她打開了一扇創作的大門。

這裡我就要提到徵兆了。宇宙當時在跟凱莉說話，提供她所需要的解決方案，以實現她的目標。受限於舊有的想法，她一開始就是沒有讀懂那些徵兆，直到那本日曆來到眼前。這也顯示宇宙對我們有著無限的耐心，並以各式各樣的方法展現答案給我們看。

當我們學會要求、辨認以及正確解釋徵兆時，就更容易察覺受靈感啟發的行動是什麼。我曾經看過一張網路梗圖說：「有些問題是谷歌大神無法回答的。」確實如此，我們人類的知識有限，不可能看見無數的可能性和人生拼圖聚集在一起後，所形成的奇蹟顯化；但宇宙對此卻一清二楚。能夠獲得這種智慧，快樂且有效地顯化是必不可少的。

請求徵兆

1. 請求：運用祈禱請求徵兆，向我展現下一步該怎麼做、該注意什麼地方、該聯絡誰。

範例：

萬能的宇宙，請向我展現接下來需要做什麼，才能創造我想要的生活。（請根據

愛，無法擋。慷慨的精神，強化我們創造奇蹟和小確幸。

——安東尼・聖馬丁（Anthon St. Maarten）／靈性作家

你的情況用更具體的項目代替「我想要的生活」，例如：「最充實的職業」或「我正在尋求的財務自由」。）

摯愛的合一，請打開我的雙眼，讓我看見生活周遭的所有徵兆，並引領我走向至善。

親愛的神靈，我向你所展現的通往＿＿＿＿＿（你正在顯化的東西）的徵兆敞開心扉。請賜給我勇氣和動力，並且能夠不慌不忙地根據徵兆採取行動。

親愛的父神、母神，請為我照亮道路，讓我與＿＿＿＿＿（財富、真愛、完美的事業、靈魂的目標）合而為一。

永恆之光，請清楚地為我展現一個我能明白的徵兆。

使用肯定的祈禱（同時參見第九章）

帶著肯定語的祈禱，是用現在式的時態來陳述徵兆正在引領你，而且答案就在這裡。

範例：

宇宙只有一個，我與祂合而為一。宇宙通曉一切，祂已經知道此顯化會如何完美的實現。我看見徵兆指引我正確的方向，並示現下一步該怎麼做。我所有的疑問都在內心有了解答，現在，這些答案都變得有意識。我感恩這些已知。顯化完成了，成為現實。

2. 尋求神諭的說明：從古老的塔羅牌及所有衍生的牌卡，到易經的錢幣、茶葉、看手相，再到命理和占星術，每一種文明和文化，都使用某種形式的占卜來解釋世事的意義，藉此獲得引導。

由於一切都是你內在世界的反應，是你的能量根據你目前狀態得出結果。未來總是在改變，我發現當你為目前或不遠的將來詢求指引時，使用神諭法是最有力量的。

如果你對使用神諭法不熟悉，我建議選擇簡單、正向和鼓舞人心的方法。請你放下對自己想聽取特定答案的執著，再來進行提問。（你想問放下執著的方法？設定你的意圖，例如：「我的意圖是釋放對特定結果的執著。我願意開放地接受真正的引導，讓我被推向我要的顯化之路。」）如果你不清楚神諭的意思是什麼，請進一步詢問。無論你得到什麼徵兆，請深呼吸並把它記錄下來。一些額外的指引可能會在你書寫時顯露出來。

3. 生命本身就是個神諭：對我們生活周遭正在展開的事物更加敏銳，有很多好處。在過去，這應該是一種正常的生存技能；處於覺察狀態能讓人們安全。如今，我們經常專注在頭腦或手機上，卻錯過了宇宙每天試圖與我們交流的方式。如果你祈求看到徵兆，其實這些徵兆就出現在生活裡。因此，第一步就是注意。它可能是廣告招牌上的文字、汽車保險槓貼紙上、商業標誌上的文字、出現在你的郵箱中的垃圾郵件、一隻走過你車前的狐狸、一本從書架上掉下來的書，抑或是天氣狀態。請敞開心扉，你會發現宇宙向你發送信息的方式非常有創意。

4. 詢問：是的，又是這個方法，請你詢問宇宙給予清楚的指示。

辨識徵兆

重複

宇宙對我們有無比的耐心。有時我會觀察到自己笨拙、困惑、心煩意亂，然後心想：「天啊，這種混亂的狀況下，宇宙到底要怎麼幫助我？」幸運的是，徵兆經常重複出現，直到我們了解為止。

比方說三位互不相識的人，不約而同向你提起同一本書。這時我會建議你去找那本書瞧瞧。或者你還在想要不要驗一下自己是否懷孕，接著在十五分鐘的車程裡，你看見鴨媽媽帶著一群鴨寶寶過馬路、看見一頭母馬在照顧小馬，然後又看到「出售小狗」的廣告招牌。如果是我的話，就會馬上去驗孕。

又或者，住在愛荷華州的你，正在思考要選擇位於舊金山還是芝加哥的工作。然

我們的生命是由許多小小的片刻，所組成的故事。普通的經歷，很容易讓我們忘記日常生活中一些令人驚訝的事情正逐漸增加。我們不常停下腳步來留意徵兆或神蹟奇事。即便是，牆上寫的字。

——克莉斯蒂・普里福伊（Christie Purifoy）／作家

後看到一則推廣芝加哥風味披薩的廣告、一張芝加哥論壇報的頭版吹到你的車窗上，還有位朋友給了你一張歌舞劇《芝加哥》的門票。

任何事情至少出現三次，都是值得一探究竟的。如果你接收到兩個類似的跡象，請睜大眼睛尋找第三個，或者詢問宇宙：「這是個徵兆嗎？」看看你是否會得到肯定的答案。

顯化步驟小練習

強化直覺

請列出所有浮現直覺的時刻。

接著請仔細記錄這些回憶的情境，以及你是如何體驗到那種直覺式的衝動。那是一種感覺嗎？看到了某個影像？抑或是你在耳邊聽到的一句話？然後，請寫下你是否跟隨了這個直覺，原因為何，以及結果發生了什麼。

進行這個練習時，請不要苛責自己。如果你曾因為沒有跟隨直覺的指示採取行動（畢竟，誰沒有呢？），並且為此付出了代價，那麼你該做的是原諒自己。也請省思你當初拒絕的理由，例如不合邏輯、不實用，或者你不想傷害他人的感受。如果你知道是什麼事情讓你絆了一跤，之後就不太可能會重蹈覆轍了。

解讀徵兆

如果出現了一個你不懂的徵兆，請坐下來思考、冥想、記錄，並詢問宇宙：「請告訴我祢的意思是什麼？」

顯化步驟小練習

你的感受是什麼

換句話說，就是「傾聽你的直覺」。每個人生來帶有直覺或第六感，對於高敏感族群來說，這更是輕而易舉。

1. 將潛在的徵兆牢記於心，並在心裡回顧它。
2. 花幾分鐘的時間，深吸深吐，將這個徵兆的意象從頭腦轉移到內心。
3. 現在，把注意力完全放到身體裡。這個潛在的徵兆感覺起來如何呢？令人感到尷尬？感到刺激？感受到靜電吸附的感覺？或是感到一陣泡泡從腳趾開始往上湧竄？抑或是沒什麼感覺？允許這些感受向你展示這個潛在的徵兆，是否真的是顯化的徵兆。如果確實是徵兆的話，它是在告訴你要勇往直前，還是停下腳步呢？

顯化步驟小練習

記錄徵兆

你和宇宙之間會發展出屬於你們的溝通方式，徵兆也是其中的一環。把你所接收到的徵兆都記錄下來，以及你是如何解讀的，還有準確度有多高呢？你會開始從接收到的徵兆中，找出一種模式。

我最喜歡徵兆的這個部分。它們是愛存在的證據，表示我們被看到、被了解，以及被指引。不要只在需要做出重要決定時，才尋求徵兆，請每天都徵詢宇宙的意見吧。

11 顯化的祕密練習四：列出顯化清單的藝術

到目前為止，我最喜歡也最受歡迎的顯化程序就是列表。身為一個注意力缺失症患者，我很小的時候就被「列清單」這件事所吸引，會把需要做的事情寫在紙上，這麼做不僅有效督促我完成，還可以安排順序以便達成最大的效率，也降低了我的壓力。與其在心裡安排各種任務，還不如將它們一一條列，呈現在面前，一切都變得更容易處理了。

1. **精熟顯化清單：**建立一張清單，將上百件你想要做的事、想成為的樣子和想擁有的東西列出來。注意，這不是在寫遺願清單，別搞混了。請好好思考你的顯化清單。

你想做什麼？

到泰國旅行、學彈烏克麗麗、高空跳傘。

你想成為什麼樣子呢？

當有聲書的旁白、成為加州最棒的可麗餅師傅、成為寄養兒童的代言人。

你想要擁有什麼？

一棟海邊別墅、一輛偉士牌摩托車、漂亮的彩繪玻璃窗。

2. **「今年，我渴望……」**：請替你明年渴望完成的事情列出清單。不要等到過年或是生日才列出你的顯化清單，任何時候都可以開始。

喜劇演員蒂芬妮·哈戴許曾經公開分享，她的大學同學凱文·哈特是如何幫助她達成令人讚嘆的事業目標。那時她為了往戲劇圈發展，生活過得不太好，付不起公寓房租，只能住在車子裡。凱文給她三百美金去住旅館，並要她列出自己在事業上想做什麼。在那之後，她的狀態馬上就有了起色，先是接到通知有間她負擔得起的公寓正在出租，接著許多機會開始展開。如今，她是主流電影的演員，並在喜劇領域大放異彩。她完成了自己在那張清單上所列出的每一個項目，包括成為威爾·史密斯等其他公眾人物的朋友。

二〇一八年一月五日，我在生日當天很快寫下自己想在那一年達成的目標，其中也包括「寫一本書」。我一直都很想寫書，因為我可以在紙上自在表達那些無法大聲說出的話語，然而好多年過去了，我都還沒動筆。近年來，自助出版的發展讓出版過程更有效率，這讓我覺得出書更是勢在必行。然而，在我寫下清單的那個時候，這個願望似乎不太可行。那時的我住一個新的空間、到處旅行並擴展著我的療癒事業，要怎麼找出時間寫書呢？而且要寫什麼？我可以輕鬆寫出一百個主題，但似乎沒有哪個是最重要的，我就是無法縮小範圍。不到兩個月的時間，有人詢問我是否可以寫一本關於能量療癒的書。沒有書籍企劃提案，沒有經紀人，也沒有大綱，但能量療癒是一個我不僅熟知而且還賴以維生的主題，因此我在六個星期內就寫完了。

那時我的工作行程突然清空，給了我所需要的時間把這本書完成。一年後，我成了一名專職作家，和一家最受尊敬且最有聲望的出版社合作。宇宙對我的想法，比我對自己的想法要更為遠大。當我與一位文學經紀人分享我的出版故事時，他一直說：「這簡直不可能！我不敢相信這是你取得出書機會的方式。出版界從沒發生過這種事！」這已經不是第一次有人對我這麼說。但我想對你說：它可以，而且確實會發生，它就發生在我身上。

3. **前所未有最優秀的清單顯化程序：**我已經教授成千上萬的人這個過程，這也是我最常獲得學員回饋的項目。如果你不願嘗試其他方法，請從列出顯化清單這個寶貴的方法開始。它也是左腦思考者、線性思考者和顯化新手的理想選擇。

a. 選擇一個你想要顯化的事物，以具體、實際的項目為佳，像是居住空間、車子、工作，當然啦，你也可以用這個方法吸引伴侶。我會用顯化一棟新房子來做例子。

b. 先從列出一般性的正向肯定語、了解宇宙的力量以及你與祂的連結開始。

c. 標題：我的＿＿＿＿＿＿＿＿（新房子、工作……等）

這表示顯化出的事物已經是你的了。

範例：我的新房子或我的第一棟房子

d. 開始列出所有你想要顯化的特質，從最重要的部分開始列起，然後再依序往下列出次要的。每個項目都以「我的」開始。

「我的第一個房子位在最佳的地點，它離我工作的地方不到二十分鐘的距離。」

或是：「我的第一棟房子在蒙克萊，一條安靜且綠樹成蔭的街道上。」

請各個層面都要思考到，包括地點、花費、幾間房、建築面積、離工作地多遠、鄰近的商店、朋友和家人、鄰居類型、隱私和安靜程度、暖氣／冷氣裝置、窗戶、牆壁、地板和門的材質等等。

當顯化任何需要花費金錢的事物時，請使用「負擔得起的」而不是一串數字。這是因為當你開始這個顯化的過程時，你「負擔得起的東西」在顯化實現時可能會有所不同。有一次，我從一間非常便宜、不安全的公寓跳到一間更大、非常漂亮、有環繞式門廊和後院的公寓，不過每個月還要多花兩百美金。在那一次的住處大升級發生時，我非常緊張，但是後來意外獲得加薪，每個月多了三百美金，這正是我多出來的租金和水電費所需要的。當我開始顯化時，負擔得起的事物也嫣然到來。

e. 請同時要涵蓋這幾個字「這個或更好的事物」，這讓得以宇宙創造出比你心裡所想的更好的成果。
f. 為顯化的完成表達感謝。是的，請事先表達感謝。
g. 用這些句子做結尾：「誠心所願」、「已完成」、「阿門」。
h. 列印出來，並在每晚睡前和每天早上睡醒時大聲朗讀。當你在讀顯化清單時，請用手在面前重複畫一個橫著的8（譯注：無限符號）。這能強化左右腦的連結，在顯化過程中這是很強大的。你也可以在其他的過程中如法泡製。

i. 更新與修改顯化清單：直到你的顯化完成了，這份清單才算完成。當你越來越清楚自己想要的是什麼，請把那些項目加進清單裡，並重新排列它們的重要性。當你經歷了自己不想要的事物，請在不要的項目後方，加上自己想要的正向項目。每做一次更新，就重新列印，並使用最新版本。

當我準備購買第一間房子時，每看過一個建案就會修改清單。例如看過一間有著老舊、關不緊的窗戶的房子之後，我在清單上增加了一項：「擁有新的、關得緊的窗戶。」看到一間附帶廚房的物件時，我也在清單上增加了這一項。每一次的看房經歷，都是在讓自己更明白喜歡什麼、不喜歡什麼。

你的顯化清單可以如此呈現

宇宙以及源頭的所有一切都擁有無敵的力量。
宇宙與我是合一的。
我的第一棟房子

（請從最重要的項目依序排列到比較不重要的項目）

我的第一棟房子的稅金以及維護費，我能夠輕易支付。

我的第一棟房子有三個房間以及一點五個浴室，並分布在兩個樓層裡。

我的第一棟房子充滿自然光。

我的第一棟房子位在安靜且安全的社區，社區裡住著想法相同且樂於助人的鄰居們。我可以立刻感到自己是受到歡迎的。

我的第一棟房子有個寬敞且裝潢過的廚房，還附帶很多櫥櫃、精美的廚具，且通風順暢。

我的第一棟房子裝有效能良好的隔熱設備，因此，冬暖夏涼。

我的第一棟房子離我的工作地五英里遠，甚至更近。

我的第一棟房子擁有大後院，健康生長的灌木叢，還有至少兩棵大樹能在大熱天有樹蔭乘涼。

這樣的房子甚至是更好的。

謝謝親愛的宇宙，賜給我第一棟理想的房子。我的第一棟房子已經顯化完成。

12 顯化的祕密練習五：注意猴心

你大部分的時間都在想些什麼呢？

對大多數人來說，思考時是處於自動模式的狀態。有些想法僅浮現一下，但是有些卻令人為難，甚至是動彈不得。你的想法還能夠毫無目的地四處跳躍，例如你可能在釋放一段童年創傷，當時有個女同學假裝喜歡你，信以為真的你被全班同學嘲笑；突然間，你開始煩惱晚餐要煮什麼，然後想起自己忘了付水電費，接著又回想起自己最喜歡的電視連續劇最後一集的內容。

有沒有發現，我們的心思根本就沒有專注在創造自己想要的事物上。我們的想法不是卡在過去（包括昨天），就是在為當下的問題提出解決之道，又或是處理日漸加長的任務清單，以及未來有待完成的責任。

想利用思考來創造，重要的是：

1. 感恩現有的一切
2. 想像未來的願望並對未來的願望敞開心扉

我從三十幾歲開始，花了十年的時間修習薩滿知識。我覺得探索出現在現代宗教誕生之前的古老靈性修持，是很有價值的。當時世界各地的原住民族，發展並使用了極為相似的靈性療癒原理與方法。這對我來說非常有趣，這些相隔遙遠的人們是如何「以某種方式」創造出相似的信念？我相信我們每個人都是相互連結的，也都受到能量本身和內在認知的影響。每次看到不同的老師和思想流派，以類似的方法教導「顯化」時，我都會特別留意。因為靈性真理就是靈性真理，無論它們是來自西元前三千年的儀式，還是近年的吸引力法則。

有一項練習我看過很多不同版本，但基本上都是以「追蹤想法」為基礎。請你積極地發掘並有意識地認知到自己正在思考的事物。

我開始做這項練習時，對於自己大部分時間所聚焦的事物感到驚恐。其中一項最主要的發現是，我有許多防衛性極強的想法。每當面對我所認為的背叛與侮辱，就常在內心爭論並為自己辯護——有時候，這些冒犯甚至還沒發生。舉例來說，我有次因為生病，而缺席了一場工作會議。由於不是每個人都知道我缺席的真正原因，我便認為他們會利用午餐時間說我壞話，並認定我是不認真工作，故意不守規矩。我發現常常是狀況沒發生，但我已經在心裡舉起利劍，準備迅速與人開戰，不計一切代價防衛自己。這個領悟，改變了我的人生。

我處在這種內心漫無邊際的征戰狀態時，會感到焦慮、憤怒、受傷，並且極為筋疲力竭。我選擇對自己誠實，追溯了這些思考模式的源頭，並療癒自覺是受害者、被責備、被霸凌，以及批判的狀態。這需要付出很大的努力，但我知道真正的自由，就在原諒所有我認為冤枉我的人的彼岸。而我真的做到了，我學會在生命中對宇宙培養信任感。當內在的防衛一放鬆，有趣的發展就產生了——我能夠以前所未有的方式，為自己挺身而出，在現實的人際關係中也是如此。我過去那些內在的咆哮，是源自於無法平衡自己在真實生活中感到丟臉或受傷的情況。

如今，我可以自在表達自己想說的一切。我設立了健康的界限，給予他人尊重的同時，也堅信自己值得同等的尊重。我越是這麼做，就變得越容易，然後有趣的事情發生了，到了最後我幾乎不必再刻意這麼做。我生活中的人要麼遵守我的遊戲規則，要麼平靜地離開。那些離開的人被更溫和的人所取代，他們尊重自己，也尊重我。一旦我培養了內心的平靜，我的人際關係就會發生轉變，因為它們不再需要向我反映過去的痛苦經歷。當我的內在戰爭結束時，我與他人的多數衝突也隨之結束。

我有時會提供這個練習給客戶，但並非所有人都感興趣；克洛伊是個不尋常的例外。作為一名經驗豐富的鐵人三項運動員，她能夠輕鬆設定目標並接受挑戰。她從事個人的成長工作多年，萬萬沒想到會發現自己不知道的東西。由於在感情關係中屢試屢敗，她前來尋求我的幫助。在完成這項顯化目標所發生的事情，讓她非常驚訝。她發現自己經常專注於「我應該說什麼話」。身為一名作家，她擁有編輯、改寫、探索甚至是打掉重寫的權力，然而她在與他人面對面交談時感到棘手。她在工作領域之外的社交場合感到笨拙，經常難以用「正確」的話語來表達自己。

她因此一遍又一遍地重溫這些「失敗」的互動，不僅會在心裡反覆修改自己的用詞，還會修改語氣和動作。其中一些「新的且改善過的」對話最終出現在她的故事中。她的大腦已經編纂了一份目錄，列出她認為的個人失誤、沒有好好表現自己，或錯失建立更有意義連結的每一項回憶。有些可以追溯到幾個月，甚至幾年前！她習慣性地不停重溫它們，卻完全不知道自己在這麼做。這些回憶帶來尷尬和惱怒的感覺，但她的頭腦堅持要「修復」這些錯誤，直到她做對為止。

克洛伊一直認為自己是個有自信且優秀的溝通者。因此意識到自己抱持著這些與自我認知背道而馳的想法，讓她很痛苦，但顯化帶來了真正轉變的機會。這種思考模式所蘊含的潛在信念，就是她既笨拙又害羞——這是童年短暫遭受霸凌的殘留物。當她治癒這些想法時，所有的人際關係都改變了。現在的她更加放鬆和自在，不僅可以更有效地表達自己，而且還可以將形形色色的談話拋在腦後，不再為此煩惱。然後，她便遇到即將成為丈夫的對象。

注意你的「猴心」

我發現以下練習非常有價值，因此每年都會做一遍。

1. 空出最少一星期的時間這麼做，如果可以的話兩星期更好。
2. 在開始之前：
   a. 看看自己的行程表，並找出例行公事，例如通勤時間、每周去上同樣的健身課、每晚喝杯酒和看部電影的晚間儀式。
   b. 買一本色彩鮮豔的便利貼。
   c. 買一本可以放在口袋或皮包裡的線圈筆記本。如果你真的不願意這麼做的話，請在手機上設置一個備忘錄，並命名為「我的想法」。
   d. 把便利貼四處貼在車裡、家裡以及工作地點（如果可以的話）。例如貼在儲藏室的泡菜罐、走廊裡的裝框照片、冰箱、床頭櫃、客廳的窗簾桿上等。發揮創意吧！

3. 在指定的時間內，每次看到便利貼，請立刻記下當時你在想什麼，寫下能總結此想法的詞語或句子。

4. 你可能會注意到，在很短的時間內，你的注意力會習慣便利貼的存在，且提醒的效力不在。如果發生這種情況，請將便利貼移到新的位置。

5. 設定的時間結束之後，開始分析你的資料。如果你使用的是線圈筆記本，則可以撕下內頁，把相似的想法整理在一起。你可能會有「自卑」、「別人已經說過的話」、「糟糕的回憶」、「浪漫幻想」或「未來擔憂」等類別出現。這可以幫助你對自己大部分時間的想法，進行有效的評估。

6. 記下你想要改變的思維模式。首先，選擇最大宗或最痛苦的那一個，然後應用本書中的原則和練習來改造它。然後再進行其餘的思維模式改造。

13 顯化的祕密練習六：「假裝」，弄假直到成真

你曾經愛上一個人嗎？曾經取得積極且輝煌的成就嗎？曾經克服障礙嗎？如果你有這些經驗，你可能已經體驗過我所說的「愛得暈頭轉向」（twitterpated）的反應。這個字是源自電影《小鹿斑比》，每年春天，整個世界都沉浸在愛的粉紅泡泡中，不但四處充滿愛和喜悅，萬物也會在彼此身上尋找愛。想想，美妙的事情發生在你身上，一切都順著你內心所想的進行：一個完美的停車位正等著你，在你到達購物中心門口的那一刻，剛好有人把門打開，並拉著門讓你通過。你一邊哼著歌、一邊微笑：「今天的一切看起來很美妙！」一張意外的支票隨著其他郵件寄達、天空雲彩的顏色看起來格外豐富，周圍每個人都對你散發出的甜蜜、興奮氛圍做出正向的回應。

電影《戀夏500日》中有個場景完美詮釋了這種效果。湯姆贏得了夢中女孩——夏天的芳心。兩人共度第一個晚上之後，湯姆微笑著離開了她的公寓，歌曲《你讓我的夢想成真》（You Make My Dreams Come True）開始響起。陽光照耀在他的臉上，他經過的每個路人都微笑著和他打招呼，經過的噴泉也都愉悅地噴著水，彷彿在

慶祝他的幸福和喜悅。他看著自己在窗戶裡的倒影咧嘴微笑，每個路人都加入了他歡樂的舞蹈，以他的感覺來說，連平凡的步行上班都變得無比神奇。

我相信你也有過相反的經歷。你和伴侶前一天晚上大吵一架，你輾轉反側一整夜，從惡夢中醒來，一邊抱怨的同時不小心踩到牙膏，牙膏噴到浴室地板上，你的狗這時剛好走進浴室，便在走廊上留下了痕跡，而且一路延伸到你新買的地毯上……你上班已經遲到了，電梯門剛好就在你面前關上；老闆因為別人的錯誤而責罵你。在這種情況下，周圍的世界也跟你所發散出的頻率共鳴著。世界總是如此運轉著，只是這次你發散出來的是低頻率的振動。

當我還在一般的辦公室工作時，同事在我心情不好時會勸我遠離影印機；因為我混亂的情緒已經損壞它們很多次了。請注意，我沒有做出破壞的行為，既沒有敲打，也沒有踢機器，僅僅憑我的能量就足以造成損壞。

你不必等到下一次偉大的愛情或絕佳的升遷機會到來，才能有意識地創造這些能量振動。你可以假裝，而且表現得好像正在發生一樣。

假裝的方法

1. **選擇你想要顯化的目標。**
2. **選擇下列其中一種方式：**

a. 寫信給一位朋友

＊寫一封信給真實或想像中的朋友。我建議你不要寫下特定的日期，而是寫「完美的一天」。

＊詳細描述已經實現的顯化目標。

＊例如，如果是新戀情，請分享你們是如何認識的、對方長什麼樣子、你們在約會時如何共度時光；最重要的是，這個人給你的感覺（珍惜、崇拜、重視、美麗、安全、重要、被愛……）。

＊如果是金錢，請分享你創造了多少錢以及你是如何消費、儲蓄和投資。這讓你感覺如何（輕鬆、穩定、興奮、奢華、慷慨、熱情……）？

＊你需要非常仔細地想像，才能體會到這種感覺。

＊為這封信拍照，然後把它摺好，放在一個安全、神聖的地方。

＊然後，帶著以上這些感受出去走走。

* 把這些感受帶到辦公室、咖啡廳，甚至是與朋友共進晚餐的時光。
* 如果這個夢想已經實現，你的行為會有什麼變化？你會請櫃檯接待人員喝杯咖啡嗎？還是慷慨地給小費？你會主動提出協助，幫助同事完成他們的任務嗎？你會擁抱一位正經歷低潮的朋友嗎？
* 如果你的思緒和決心仍在徘徊猶豫，請查看之前那封信的照片，並重讀內容，竭力吸收那些感受吧。

b. 找出圖像

* 對於比較偏好視覺的人，請找出代表你正在創造事物的圖像。在網路上搜索會出現很多結果，並把你要的圖片存起來。如果你想做一個願景板，請把圖像列印出來，以備後用。（請參閱〈顯化的祕密練習九〉。）
* 閱讀與此主題相關的文章。閱讀實現此目標的人的真實故事，並在網路上觀看與此主題相關的影片。

然後仔細想像這對你來說會是什麼樣子；喚起實現此目標的感覺。

* 然後帶著這些感受去散步。
* 帶著這些感受去參加家庭聚餐、公司會議，甚至是宗教聚會。
* 如果這個夢想已經實現，你的行為會有什麼變化？你會多帶額外的食物

嗎？主動負責一項專案？還是會主動提出要和孩子一起做義工嗎？

＊ 細細品味那些感受。

練習美好的感覺當然會讓你感覺良好。即使沒有出現什麼結果，這個練習還是很值得去執行。我一次又一次見證這種小小的態度調整，會產生什麼奇妙的成果。當你在「假裝」時，「愛得暈頭轉向」效應，會在你的生活中邀請類似的感覺基調和體驗，讓你對新的人和機會產生吸引力。說實話，誰會給影印機破壞者升遷機會？躲都來不及了。一整天、每一天，我們都會自動與所接觸的每個人進行能量互動，包括捷運上坐在你隔壁、從未交談過的陌生乘客。提升積極的情緒會向其他人發出信號，告訴他們：「在你身邊很開心。」你的能量正在與一切萬有的能量相互作用，邀請類似的振動頻率回到你身上。此外，你也有可能因此採取可以帶給你更多回饋的行動。

14 顯化的祕密練習七：舞出你的夢想

舞出你的夢想

我最喜歡這項練習的地方在於，它可以讓你脫離頭腦，進入身體。體現我們的顯化不僅可以幫助顯化的事物更快地實現，還可以訓練你的整個身體系統溫和、輕鬆地接收所要顯化的事物。

針對樂透中獎者的研究顯示，結果是殘酷的，將近三分之一的中獎者會在三到五年內申請破產。我看過一部名為《命運逆轉》（Reversal of Fortune）的紀錄片，街友如果同意接受拍攝，就可以獲得十萬美元的獎金，而且能夠隨心所欲地花用。知道意識是如何運作之後，預測結果就變得輕而易舉，同時也令人難過。製片人請這名街友與一名財務顧問聯繫，並且由財務顧問指導、監督他的進展，然而沒過多久，錢就花光了。劇烈的變化感覺像是對身體的威脅，尤其是對神經系統而言。然而，這也包括了最好的變化。當祝福出現時，它可以將我們拉出舒適區。一陣不變的日常生活令人感到安全，對這位街友而言，每天搜集回收物品換錢讓他很開心。儘管這筆十萬美元獎金似乎是最棒的禮物，但他的意識尚未替這樣的意外收穫做好準備。這也是個完美的例子，說明人的內在若是沒有做好準備，外部環境的變化僅能促成短暫、令人沮喪的結果。

除了假裝，「舞出你的夢想」練習是在讓身體為顯化做好準備。基本上，你是在練習顯化的事物已經達成了，而且沒有任何伴隨現實而來的壓力。那些壓力會是什麼呢？如果你吸引了新的愛情，壓力會從四面八方而來，像是：與對方的家人或孩子見面、如何處理你們第一次的爭吵、害怕這段關係會失敗、一起旅行等。要想獲得一筆意外之財，就會面臨如何明智花錢的壓力，或者如何應對那些索討金錢的人——捐還是不捐呢？如果要捐，捐多少錢？搞不好你拿錢買了輛特斯拉汽車，但是適應最新的電腦駕車系統也夠你忙的。當你在練習時，一切都很有趣、很快樂。請開心地玩，並享受這個過程。

舞出你的夢想

1. 選擇你想要顯化的目標。

2. 建立一個歌單。手機或電腦裡面內建的Spotify和Pandora（譯注：兩者皆為線上音樂串流服務平台）軟體，可說是世界上最大的音樂點播機，這讓建立歌單變得非常簡單。

● 該挑什麼樣的歌曲呢？

＊建議是關於你正在努力實現的目標的歌曲。「愛情」是最容易，因為流行音樂中有豐富的相關歌曲。然而，我見過客戶為豐盛的財富、生孩子、異國旅行或靈性揚升而建立歌單。請以開放的心態，去探索你通常不會接觸的音樂類型；若是想要設置有關「擁有幸福家庭」的歌單，請試試看鄉村音樂；若是與財富有關，嘻哈音樂會是不錯的目標；若是與靈性連結有關，你可以嘗試福音歌曲、當代基督徒音樂、新時代音樂，以及瑜伽類的音樂。

＊或是找普遍能振奮人心的歌曲。生活很美好！煩惱都過去了！一切都向我走來！我曾經堅持過，現在成功了！我現在站在世界的巔峰！我會在本章結尾列出一些我最喜歡的歌曲。

舞者的身體，簡直就是她靈魂的光輝體現……這是真正有創造力的舞者，渾然天成且不模仿，她用自己的動作說話，說出比所有自我都更偉大的東西。

——伊莎朵拉・鄧肯（Isadora Duncan）／現代舞之母

* 或是你真正喜歡而且能激發快樂回憶以及美好時光的歌曲。許多人喜歡重溫高中或大學時代的音樂，因為它會帶回青春、開始新可能性的感覺。但是，我會注意裡面的歌詞，並選擇那些能夠振奮人心的。

3. 現在就舞動身體吧！讓音樂穿透你，並採用置身在那個夢想情境中，會有的姿勢和韻律來舞動。想像你就是那位富裕、被愛、成功、健康的人，讓那股能量在你的身體和能量場中釋放開來。用雙臂環抱你正在呼喚的愛人；把想像中的一堆金錢扔到空中，感覺金錢就像雨點一樣落在你身上，像個名聲顯赫的人一樣昂首闊步地行走。去體現你想體驗的事物吧。

4. 當你完成後，請舒適地坐下，並讓呼吸隨著自己的節奏慢慢地安定下來，然後慢慢加深。感受你在身體內創造的感覺，吸入這些感覺並擴展它們，直到它們浸透你的整個存在，你感到快樂地沉浸在這些感覺之中。

讓你開始行動的歌曲清單

1. 吉米・克里夫（Jimmy Cliff）——I Can See Clearly Now
2. 戴安娜・羅斯（Diana Ross）——I'm Coming Out

3. 海灘男孩（Beach Boys）——Good Vibrations
4. 庫爾夥伴（Kool & the Gang）——Celebration
5. 麥可法藍堤與先鋒樂團（Michael Franti & Spearhead）——The Sound of Sunshine
6. 瑪堤斯亞胡（Matisyahu）——One Day、I Will Be Light
7. 印蒂雅・艾瑞（India Arie）——I Am Light、Strength, Courage, and Wisdom
8. 菲西斯（Phases）——I'm in Love with My Life
9. 傑森・瑪耶茲（Jason Mraz）——Look for the Good、Love Is Still the Answer
10. 菲瑞・威廉斯（Pharrell Williams）——Happy
11. 披頭四（Beatles）——Money（That's What I Want）
12. 賈奈兒・夢內（Janelle Monáe）——QUEEN
13. 大衛・庫塔和希雅（David Guetta ft. Sia）——Titanium
14. 湯姆佩蒂與傷心人（Tom Petty and the Heartbreakers）——I Won't Back Down
15. U2——Beautiful Day
16. 瑪丹娜（Madonna）——Express Yourself
17. 安德烈・波伽利（Andrea Bocelli）——The Prayer
18. 史蒂夫・溫伍德（Steve Winwood）——Higher Love

19. 瑞琪・拜亞斯（Rickie Byars）——We Let It Be
20. 艾琳・卡拉（Irene Cara）——Flashdance ... What a Feeling
21. 凱莉・克萊森（Kelly Clarkson）——Stronger
22. 莎拉・芭瑞黎絲（Sara Bareilles）——Brave
23. 凱蒂・佩芮（Katy Perry）——Firework
24. 木匠兄妹（the Carpenters）——Top of the World
25. 粉紅佳人（Pink）——Raise Your Glass、Get the Party Started
26. 猴兒（Monkees）——I'm a Believer
27. 卡崔娜與搖擺樂團（Katrina & the Waves）——Walking on Sunshine
28. 尼力和城市俗（Nelly & City Spud）——Ride Wit Me
29. 狂城樂團（Crazy Town）——Butterfly
30. 偽裝者合唱團（Pretenders）——I'll Stand by You

親愛的讀者，請在Spotify上查看我專門為你所建立的歌單。你也可以在www.manifestingbook.com的網站上找到連結。

15 顯化的祕密練習八：打造顯化日記（和感恩日記）

著手創造一本顯化日記

你可能聽說過感恩日記，就是記錄所有自己感激的事物，而且最好是每天記錄。有些人每天試著找不一樣的項目來記錄，希望自己不拘泥於日常生活中顯而易見的事物；有些人則是寫簡短的清單，只列出幾個重點。只記錄重點不是我的風格，光是陽光照射在我的窗簾上，我就可以用充滿哲理的方式記錄好幾天。

你必須不停歇地參與你自己的祝福顯化。

——伊莉莎白．吉兒伯特／知名作家

我發現感恩日記之所以神奇，是因為書寫的內容會讓人產生溫暖的感覺。例如，我非常感激我的身體很健康；或是不費吹灰之力，就能輕鬆地爬上一層層的樓梯，又或是揮汗鏟雪時，感覺到自己是多麼強壯有力。也有可能那些當下，你正忙著想其他事情，因此錯過了那個時刻。何不重新審視那些感受呢？感恩身體健康的感覺會是什麼？這些感覺會是鼓勵你繼續照顧好自己身體健康的來源。

因此，一份真誠且以感受為基礎的感恩日記會是很棒的點子。另外，我希望你也追蹤記錄那些有助成為大師級顯化者的事情，例如你所顯化的事物、你的好運、你的奇蹟；你可以用自己覺得合適的名稱來稱呼它們。

我常驚訝於創造出奇妙的成果之後，我們是多麼健忘；尤其是當你治癒了身體的疼痛、破裂的關係，或枯竭的銀行帳戶時。一旦痛苦過去，之前遇到的麻煩就被拋諸腦後，好像從沒有任何問題發生過一樣。無論如何，請陶醉、沉浸在那段成功的情境當中，不要讓它在沒有被慶祝的情況下，輕易溜走了。請用所有的細節來記錄這個故事；把它寫·下·來。

本書到目前為止，一直都在談論如何運用意識來進行顯化工作，然而我們那個總是懷疑一切的頭腦，幾乎讓我們相信這一切可能只是無稽之談。我們忽略了自己的意識在面對危險時，所帶來的叨念、懷疑；因此，我們最好用具體的生活證據來降伏那紛亂不受控的猴心，特別是在質疑顯化事物的時候，或是感覺非常虛無縹緲的時候。請嘗試用手書寫，來解釋那些無法被解釋的事情。把它寫在紙上，可以讓你自己確信那些神祕且極不尋常的發生，是真實存在的。

到目前為止，你經歷過什麼樣的成功呢？

- 簡要說明最初的問題。
- 記錄你為體現解決方案或不同體驗所付出的行動。
- 使用感官語詞詳細描述結果。發生了什麼？那一刻感覺如何？事後感覺如何？

以下是發生在我學生身上的真實故事：

MJ的故事：我的銀行帳戶裡還剩下三美元，還要再過十天薪水才會入帳。我真的需要加油錢，所以開始感到恐慌。首先，我用寫日記來緩和自己的恐慌，然後想像自己正在短途旅行中開車，當天的天氣很好、窗戶開著，微風拂過我的頭髮。我停下

面對生活中出現的一切，都處在一種心存感激的狀態裡。感謝風風雨雨，也感謝一帆風順。你現在所經歷的教訓或禮物是什麼呢？你不會在生活欠缺的事物上找到快樂，而是在如何服務（眾生）中找到快樂。

——偉恩．戴爾（Wayne Dyer）／美國勵志作家

來加油，很快就加滿了。我也做了祈禱，知道自己是安全的，一切都會平安順利。我感到一股強烈的平靜和信任感籠罩著我。四天後，我收到了汽車保險公司寄來的一張支票。原來，汽車保險公司一直向我多收錢，在發現他們犯下的錯誤後，就退還我三百二十七美元！我記得自己手裡拿著那張支票，鬆了一口氣之餘也哭了起來。我感到有股電流在脊椎裡上下流動，就像是聽到自己最喜歡的歌曲一樣，感覺彷彿被來自宇宙的愛和關懷包著。拿到這筆錢後，我就能去加油，買生活物品，並支付其他帳單。我也買了最喜歡的橄欖來犒賞自己。

我的朋友珍妮說，她從來沒聽說過有哪家保險公司會主動承認錯誤的。我告訴她，這是一個奇蹟，一個貨真價實的奇蹟。

CS的故事：我的車已經非常舊了，也一直沒有通過汽車檢驗的標準，我的修車師傅說，繼續修理所花的錢都可以再買一輛車了。我寫了一份清單，列出自己想要的汽車的所有條件，並強調是在自己可負擔的範圍。我哥哥突然打電話給我：「你需要一輛新車嗎？」他的新鄰居是一名負責收回賒購產品的人員，有時他需要幫收回的車找個新車主。第二天，我就和哥哥的新鄰居見面，他為我準備了一輛符合我理想的車，而且只收取了五百美元（即前車主所欠繳的車貸），這個金額算小，唯一的問題是裡面很髒，聞起來像臭雞蛋。哥哥提議要幫我的新車做汽車美容。我後來去取車時，它看起來和聞起來就像全新的一樣。

這些例子看起來算是很特別的，那麼如果你接收到的是屬於日常的小確幸呢？請把這些也包括進去。當你專注於自己所擁有的事物時，一切都會運行良好，更多美好的事物也會自動出現。

給自己一份五分鐘的禮物吧。帶著讚嘆的心，花五分鐘好好思索你周圍的一切。讓自己走進這個世界，把注意力轉移到日常經歷中，時時刻刻都在發生的許多奇蹟上。這種每天五分鐘的感恩方式，將幫助你聚焦在生活的驚奇上。

感恩開啟豐富的人生。我們擁有的因此變得足夠甚至更多。它把拒絕轉化成接受、把混亂轉化成秩序、把困惑轉化成清晰。它也可以把一頓餐飯轉化成一場盛宴、把房子轉化成家園、把陌生人轉化成朋友。

——梅樂蒂・碧緹／暢銷心理勵志作家

感恩日記

讓感恩奏效的關鍵在於細細品味，並喚起感覺充滿你的全身細胞。以下是一個感恩清單的例子，根據我的經驗，這是屬於不會起太大的作用的類型。

我很感激：

- 今天的陽光
- 我外出吃飯
- 和安琪拉一起笑

這個才是會像磁鐵一樣吸引事物顯化的感恩清單：

天氣預報說會下雨，結果竟然是美好的晴天。我與安琪拉在我們最喜歡的泰國餐廳共進晚餐時，我感受到了皮膚上的暖意。餐廳人不多，我們馬上就被帶位到靠窗的位子。從一開始安琪拉分享她去佛羅里達旅行，所遇到的爆笑故事時，我就笑開了。我甚至笑到鼻子發出怪聲！大笑的感覺真好！然後我點的黃咖哩來了，這是我吃過最美味的黃咖哩；吃起來暖呼呼的，而且夠辛辣，也補足了我所需要的熱量，我細細品味著每一口。「溫暖」這個形容詞不僅完美適用於美味的咖哩，也適用於今天整個的經歷。

你能感受到兩者之間的不同嗎？你不一定要像我一樣把它變成一則故事，但一定要記錄細節，例如描述這股幸福感或是那天你所感激的事物，接著寫下原因。為什麼這會是一種幸福呢？是什麼讓你覺得需要感激它？

我非常喜歡把所有東西都寫下來。有了這些日常的幸福感，你可以在一整天中把感恩轉換成一個心理過程，把它融入你對美好事物的關注裡。

16 顯化的祕密練習九：願景板

我還記得自己的第一個願景板，那是在網路時代之前的事了。當時，我唯一能進行的藝術創作就是拼貼，因為我收集了大量的雜誌。我用一個破掉的紙箱，在上面黏貼從雜誌上撕下的照片：一個正在做瑜伽的女人代表對健康的期許，一個胖胖的存錢筒表示急需儲蓄。我把它貼在臥室的牆上，幾個月後，我突然意識到自己在基督教青年會練瑜伽，新的儲蓄帳戶裡也有幾百美元。

從此以後我就一直使用願景板。基本上，願景板是代表你想要顯化事物的圖像和文字的拼貼畫。現在有些應用程式和手機軟體，可以輕鬆讓你創建數位版本的願景板。使用這些應用程式的好處是，無論走到哪，你都可以隨身攜帶願景板。但是，我還是偏好把印刷圖片貼在海報板上面的傳統版本。

如何製作願景板：

1. 挑選一個你想改變的生活領域。

2. 在網路或是雜誌上搜集圖片，這些圖片要符合以下兩點：

a. 什麼東西會讓你想起、感覺到你和宇宙之間的連結？可能是某位神祇的畫像、蠟燭、佛像、穿透雲層的光瀑、瀑布、大笑的孩童或彩虹。

b. 你想顯化什麼事物呢？如果是金錢，那麼可以列印金山銀山的圖片。我鼓勵你深入探索，擁有更多的金錢會讓你有什麼樣的感受，以及你會怎麼運用這些錢。買新車？重新裝修廚房？捐贈給需要的機構？請尋找符合這些理想的圖片。

3. 找一塊貼海報用的硬紙板，先將會讓你想起宇宙的圖片排列在中心處，然後在周圍以放射狀貼上自己想要顯化事物的圖片。

4. 把願景板放在只有你看得見但其他人看不見的地方。除非這個夢想需要和伴侶或家人一起顯化（像是一個新家），那麼你就可以將他們包含在這個顯化過程之中。

只有當你能審視自己的內心時，你的願景才會變得清晰。誰會向外看，做夢的人；誰會向內看，清醒的人。

——榮格／分析心理學始祖

5. 每天花點時間欣賞你的願景板，並讓圖像滲入潛意識。在願景板中心的宇宙力量支持之下，與「擁有這些顯化事物」時會升起的感受進行連結。

PART

3

把顯化的祕密
帶進
生活各個層面

17 選擇一個目標：你想要顯化的領域

你想要創造什麼呢？

顯化時有幾個面向需要考慮。我喜歡定期進行自我檢測，評估自己的狀態、什麼有用、什麼沒用，以及自己想朝哪個方向前進。把這些寫下來也有一股轉化的力量，即使你記錄的內容包含了痛苦的真相。雖然這令人感到痛苦，但在紙張上看到自己的生活評估，白底黑字的呈現，能給你改變的動力。

顯化步驟小練習

你的現狀以及你要往哪裡去？

金錢

你的現狀：

你的薪水（月薪／年薪）有多少？

你目前的財務狀況？

你賺的金錢足夠讓你：

☐ 支付房屋費用（租金／房貸／稅金／水電瓦斯費／保養費／維修費）

☐ 支付最低或比較高的債務支付（如果有的話）

☐ 買品質好的食物

☐ 買必要的衣物和家庭用品

☐ 支付自己或其他人的教育費

☐ 支付交通費用（車貸、公共運輸費用、保險）

☐ 買禮物

☐ 存錢

☐ 投資

□支付健保或醫療開銷
□旅行／進行娛樂活動

當你看著自己的網路銀行帳戶或存摺內容時，腦海會浮現什麼想法，這又給你什麼樣的感覺？

以下狀態，你覺得最真實的是什麼？

□金錢永遠不夠。
□我的金錢剛好足夠，但是，我想要更多。
□我擁有的金錢夠多，而且我想要擁有更多。

你收到一封附帶著一筆龐大且意外的帳單的郵件。你一般的反應會是什麼？
老實說，你對自己認識的人比你有錢的感覺是什麼？
老實說，你如何看待擁有比你更多錢的富有公眾人物？
什麼事情會讓你對金錢感覺良好？什麼會讓你對金錢感到糟糕？你的財務願望是什麼？

明年你想賺多少錢？

除了存款增加和能夠享受更多樂趣之外，假如手邊還有一大筆閒錢能支付所有開銷，你會有什麼感覺呢？

你希望帳戶裡有多少存款？

你會資助哪些組織或慈善機構呢？

在玩樂上，你會怎麼花錢呢？

事業

你的薪水（月薪／年薪）有多少？

你覺得自己目前的職位如何？

你最喜歡的工作任務是什麼？

你最不喜歡的工作任務是什麼？

總括來說，你的工作中最棒的部分是什麼？最糟的部分是什麼？

你的工作和你所選擇的職涯路徑是一致的，還是不一致的呢？

你所選擇的職涯路徑想要達到什麼樣的成就呢？

如果金錢、時間，以及地點不列入考慮，你最想從事的是什麼工作呢？

那個夢想中的工作的特質是什麼？

工作時間：

地點：

辦公室環境：

自己一人工作、跟他人一起工作，還是大型的合作？

債務／財務管理

你目前的債務有多少？你維持這個債務狀態多久了？

你想要的事物

身心靈整體健康：

身體健康：

評估你最常有的身體感受：
目前身體健康遇到的挑戰：
平均每天的活力程度是多少（評分為一～十，十是最有活力）：
你的睡眠品質如何？
你想要自己的健康狀態看起來如何，感覺起來如何？

身體外貌

你最喜歡自己外貌的哪個部分？最不喜歡什麼？
你想要做什麼樣的改變呢？

情緒及心理健康

評估你最常感受到的情緒。
什麼樣的情況下（或關係中），你會在情緒上感到痛苦掙扎？
什麼情況最讓你感到備受壓力？

你最喜歡的感覺是什麼？

關係

描述與評估你目前的關係，注意什麼有用、什麼沒用，以及你希望這些關係是什麼樣子？

工作：同事／創意夥伴／合夥人／主管／老闆

工作：客戶／顧客／學生

家庭：

朋友：

伴侶：

孩子／孫子孫女：

寵物：

住家

什麼樣的房子：

描述你的居住環境：

房子的大小適合你目前的生活狀態嗎？

如果有的話，你想要做什麼樣的改變呢？

城鎮，描述你的鄉鎮／城市：

你最喜歡的是什麼？

你最不喜歡的是什麼？

創意方面的自我表達與興趣

列出你可能擁有的創意形式，包括以前可能喜歡過（例如童年時期），但是有一段時間沒再做的事。（這裡提供一些參考選項：繪畫、手工藝、著色、唱歌、寫詩、寫部落格、編織、家居裝飾、插花、縫紉、創造性舞蹈或運動習慣、訓練狗、園藝、競賽式運動、陶藝、剪貼、繪畫、串珠、雕塑等等。）

你覺得創造性的表達是說出了自己哪裡的心聲？

你覺得自己哪裡的心聲堵住了，無法好好說明？

社交活動

描述你的社交生活：

哪些部分是順利的？

哪些部分是不順的？

其他可能的類別

評估在以下領域中，哪些部分是順利的，哪些不是。

旅行：

教育：

健身目標：

接受自己的現狀

如果前面小練習的結果讓你覺得很氣餒，還有兩項建議供你參考：

1. 你只能從自己的現狀開始。接受現狀是改變現狀的第一步。一旦你停止迴避問題，並且真正清楚自己當前的狀態，解脫就會在另一邊等著你。

2. 無論生活變得多麼美好，總有可以持續治癒、改善或澈底改變的地方。請放下「完美」這兩個字。我們的靈魂永遠都是完美、完整和圓滿的，至於我們身為人類在這個世界上獲得的經驗？大概可說是差得遠了。能量總是起起伏伏，所以「改變」是我們身上唯一不變的道理。當一切都感覺恰到好處時，我向你保證永遠有另一個變化即將到來。知道這一點會有種解脫般的自由感。你永遠無法創造「真正」理想的生活，因為你的理想生活也會一直改變。

思想是行動、生命和顯化的源泉：讓源泉純潔，一切都會純潔。

——詹姆斯．艾倫／英國新時代運動思潮先驅讓我們談談我的老朋友「沮喪」。如果生活環境跟你想要的有落差，同時你也正在閱讀這本書，那很有可能，你很清楚這種感覺。你過去可能曾經試圖改變自己的生活，但沒有實質性的進展。你覺得自己在逆流而上，結果卻被拖到更遠的外海裡，充滿失敗和困惑。

我怎麼會知道？因為我曾飽受挫折。身為生命逆境中的高材生，我天生就有著容易受挫的個性，加上控制狂的性格，再混合強烈的固執，因此造就了現在的我。至於這種情況下，為什麼我還能對自己以及生命抱持如此高的期待，我也不清楚，但是，這對我絕對是加分的。

我之所以能療癒自己，源自於我常練習接受現狀，很多其他靈性法則也都有相同的概念。很多人會說：「就是這樣啊，不然怎麼辦？」如果這時內心是真切地接受，光這麼說就能幫你變得平靜。但如果你在說這句話的時候感到生氣或是想要放棄，就沒有任何功效了。感到沮喪、停滯不前，並且有時候憤怒至極，並沒有為我的生活帶來任何一丁點的改變，只是讓我感到越來越挫折。我成了希臘神話中的薛西弗斯，不斷重複推著巨石上山後，又滾回山腳下，勞苦無比。但是當我學會面對真相，如實接受它的原貌，才能讓顯化繼續邁步向前；一旦眼前的現實狀況不再受到抗拒，改變才有可能發生。

無論你是誰或你目前的生命狀態如何，生活裡一定都有美好的事物值得欣賞和品味。我之所以這麼說，是因為你已經擁有這本書了。無論你是買的、借的還是別人送的，又或者是你無意中發現的，你都已經掌握這些訊息了。一旦獲得這項訊息，你就有可能讀到或看到其他重要的訊息。一旦你與現狀和解，就很容易明白自己已經擁有多少美好的事物。

如果你對接受現況有所抗拒，我建議你在繼續進行顯化的步驟前，先採取以下練習。你可以隨時回頭檢視令你抓狂或難以忍受的現狀。

顯化步驟小練習

練習接受現狀

正向肯定語

隨著我的改變與成長，我深深地且全然地關愛與接受自己的現狀。

我接受自己的生活現狀，並且每一天都變得越來越好。
我值得認可自己，我現在就接受我自己。
我感恩自己身上所有的美好事物，並且熱愛它的成長。
看見生命的美好，並且明瞭自己在每個方面都是受到祝福的。
我現在的生活非常美好，而且每天都越來越好。
我原諒我自己，並全然地擁抱自我。

顯化步驟小練習

引導式冥想

1. 找到舒服的姿勢。
2. 閉上雙眼，自然地呼吸並專注在你的呼吸上。
3. 大約一分鐘後，以自己覺得舒服的方式加深呼吸。
4. 想像自己透過胸口中央吸氣、吐氣，並進行十次完整的吸氣、吐氣。

5. 直接與潛意識對話：「潛意識，請讓我看看，現在的生活對我來說是什麼樣子。」
6. 對即將到來的事物持開放態度——可能是髒亂的青少年臥房、掀起狂風暴雨的海洋、有著成堆垃圾的花園，你也可能是聽見一個字或詞彙，像是：關閉或上下翻轉。允許訊息自然地來到眼前，而不是刻意地製造。如果你是剛開始嘗試與潛意識合作，那麼可能會覺得頗具挑戰性，因為你的頭腦總會汲汲營營地想要找東西填滿空缺。如果沒有任何影像、文字或聲音浮現，那就積極地想像你認為自己的生活可能看起來的樣子。
7. 你想著這個影像或詞彙的同時，請掃描自己的身體，並看看出現什麼感覺。找找是否有任何緊繃和不適的地方，把呼吸帶到那個部位。
8. 如果身體沒有任何感覺，則將呼吸注入影像或想法中；想像自己能夠順利做到。
9. 對自己說：「目前的狀態只是暫時的，我接受這一點。我在尋找美好的事物，我允許我的生活在各個方面變得更好。」
10. 帶著慈悲的感受去連結，就像你在面對嬰兒或動物時的感覺一樣。現在將這種慈悲感運用到你的身體和圖像上。
11. 告訴自己：「我懷著慈悲心接受一切，我正輕鬆且優雅地向前邁進。」

顯化步驟小練習

緊緊抱住

引導式冥想的變化版

1. 找個舒服的姿勢。
2. 閉上雙眼，自然地呼吸並專注在你的呼吸上。
3. 以自己覺得舒服的方式加深呼吸。
4. 想像自己透過胸口中央吸氣、吐氣，並進行十次完整的吸氣、吐氣。
5. 直接與潛意識對話：「潛意識，請讓我看看，現在的生活對我來說是什麼樣子。」
6. 對即將到來的事物持開放態度——可能是髒亂的青少年臥房、掀起狂風暴雨的海洋、有著成堆垃圾的花園，你也可能是聽見一個字或詞彙，像是：關閉或上下翻轉。允許訊息自然地來到眼前，而不是刻意地製造。如果你是剛開始嘗試與潛意識合作，那麼可能會覺得頗具挑戰性，因為你的頭腦總會汲汲營營地想要找東西填滿空缺。如果沒有任何影像、文字或聲音浮現，那就積極地想像你認為自己的生活可能看起來的樣子。

7. 用雙臂環抱自己，想像你正在擁抱這個影像。如果你是聽到詞彙，請觀想它是印在一張紙上，然後擁抱這張紙，聆聽紙張在你懷裡發出皺起來的聲音。
8. 感受同時身為溫柔和慈悲的給予者和接受者的感覺。
9. 輕輕地前後搖晃身體，直到你覺得舒緩、平靜為止。
10. 告訴自己：「我懷著慈悲心接受一切，我正輕鬆而優雅地向前邁進。」

顯化的步驟小練習

釋放

1. 找個舒服的姿勢。
2. 閉上雙眼，自然地呼吸並專注在你的呼吸上。
3. 以自己覺得舒服的方式加深呼吸。
4. 回想一下你生活中，目前沒有按照你想要的方式運作的特定部分。
5. 感受這股阻力與挫折。它可能感覺起來像是眉頭深鎖、喉嚨裡隆起的腫塊、胸悶、胃緊縮或下背部疼痛。

6. 有很多方法可以進行釋放，請選擇你覺得最適合的方法：

a. 吸氣、呼氣時想像把挫折呼出到一張乾淨的紙上，再把紙張撕成碎片，裝進小紙袋，然後把它燒掉（最好在戶外進行），看著裊裊升起的煙把挫折帶走；或者在有水流動的地方丟棄它（別擔心，紙張是可生物分解的），並看著它飄走。

b. 去森林裡，撿一顆石頭朝著它吐氣，把挫折吐進石頭裡，然後再用盡全力把它丟得遠遠的，並說道：「我放下它，並往前邁進。」

18 顯化的不同層級

當你正放鬆地待在家時，突然興起想要吃喜歡的食物的念頭。你會聯想到供應此食物的餐廳，想像自己上次點菜時這道菜的模樣，你還記得那令人垂涎的香味從熱呼呼的盤子裡冒出來的感覺，然後開始流口水。這道菜的味道和口感在你的嘴裡感覺起來充滿活力。

你很肯定一件事，就是自己要吃到這份美食。以下是這個案例可能會有的不同顯化層級。

第一級：長途跋涉（最花力氣）

你打電話給餐廳，下訂單，用信用卡付款，然後自己去取餐。

你有這想法，身體有渴望食物的感覺，你會採取一切行動來實現它。

第二級：需要些努力

你打電話給餐廳，下訂單，付款，然後請你的伴侶去取餐。你已經將顯化付諸行動，並尋求他人的幫助來完成它。

第三級：需要較少的努力

你跟伴侶提及這股渴望，他們幫你訂餐、付款和取餐。你只付出對於美食的熱情，其餘的就交給他人為你完成。

第四級：毫不費力

你無需採取任何外在行動，你的伴侶就帶著你渴望的餐點回家了。他們只是突然覺得你可能餓了，然後便根據這股衝動買了食物。你只付出內在的努力，顯化看起來有如自動完成了。

第五級：百萬兆瓦級電波般的顯化

這頓飯就像魔術一樣，憑空出現在你家廚房的盤子上。據說一些智者、聖人、上師等靈性大師能夠做到這種等級。

當我們開始走上有意識的創造之路時，除非顯化是達到像百萬兆瓦級電波般的強度，否則有些人會不相信顯化的存在，然而，很少人能達到這種等級，包括我自己在內。當你看到百萬兆瓦級顯化大師的生活時，會發現原因是他們過著持續進行靈性學習、靈性實踐，以及不斷奉獻的生活。這些百萬兆瓦級顯化大師沉靜、與世隔絕地生活在修道院或任何修行處所中，他們唯一的工作頭銜是：愛上帝（或某位神祇或宇宙）的人。這些大師的職業生涯不會因為退休制度問題而煩惱，也不會苦惱公司能否在經濟衰退中經營下去；他們沒有配偶抱怨鄰居吵鬧，或是急需整修廚房；他們當然也不必更換髒尿布，不必為孩子的學習障礙尋求幫助，也不必搜尋大學的相關資訊。獨身禁欲就是有如此驚人的優勢！

當你剛開始創造時，請專注在結果上。你拿到食物了嗎？那才是重點。顯化發生了，你得到自己想要的事物了。慶祝這個顯化的發生，無論它是哪一級的顯化，任務都完成了。

大多數情況下，你需要採取外在行動，有時多一點，有時少一點。一開始，你往往需要採取比較多的行動。經過持續和勤奮地創造之後，你會意識到自己達成越來越多第四級的顯化。你可能只是剛好想到某樣事物，它就顯化在你的生活中。要知道，最開始的所有努力不僅僅是為你眼前的目標加油填料，也是在為未來的嘗試創造累積效應，同時，你對自己和宇宙的信心也在增長，而且，你對可能性的信念也逐漸擴大。一路上，你一直在清除關於自己和生活方式舊有的敘述手法。慢慢地，生活的每個領域都開始變得更加輕鬆。

幾年前，我在打掃當時的住處時，有個念頭浮現出來：我想要一隻看起來像獵豹的貓。這想法不時浮現在我的腦海裡，但我並沒有去寵物店選購新的貓，而是把時間花在冥想和沉思中，以及覺察自己的想法。一周後，就在十月下旬某個冷冽的雨夜，我聽到外面傳來尖銳且驚慌失措的哭聲，直衝我的前門而來。我到門口查看時，一隻營養不良的小貓從濕透的籬笆中跳出來，朝門口跑來並撲進我的懷裡。牠瘦得皮包骨，我知道牠自己是熬不過這個痛苦的夜晚，於把牠帶到門廊，拿毛巾擦乾牠的身體。那時我才注意到小貓的體側有斑點，就像一隻迷你獵豹，此外，牠的前腿似乎有點畸形。我那理性的思考超速運轉著：我不想養另一隻貓（但是我確實有動過這個念頭）；牠有特殊需求，需要獸醫大量的治療（後來牠沒有，也不需要）；我的伴侶不會想養貓（他起初是不想要；但這隻貓後來待在我身邊的時間比他更久）；我養的另一隻貓不會接受新夥伴（然而牠全心全意地接納了）；收留這隻貓行不通啊（往前快轉到大團圓的結局：成功了）。

儘管我曾試著說服自己擺脫這突如其來的「祝福」，但很明顯，小貓注定要和我在一起，後來我叫牠「小獵豹」。這一切顯化都是來自於那次突然浮現的念頭。牠原本看似畸形的腿也不需要截肢，現在專門用來捕捉閃閃發亮的絨毛球，以及撲打玩具老鼠。牠就像獵豹那樣迅速移動，並且身體健康。牠堅定的自信不斷提醒我：在這個當下，我們都已經夠美好了。牠從不認為自己有什麼毛病，這一點可說是完全正確。牠每天都讓我開懷大笑，到目前為止，我們已經相互陪伴了七年，牠是我這一生摯愛的寶貝之一。

所以真的是僅出於一個念頭，就把一隻斑點小貓帶到我家門口嗎？這是第四級的顯化嗎？或者，這個想法是我從宇宙那裡接收到的，暗示小獵豹即將進入我的生命，這是一道來自上天的收養請求？我不認為這是個非此即彼的想法，這個想法顯然是以我第一人稱的觀點浮現的（我想要一隻看起來像獵豹的貓）；牠出現的方式也非常不尋常。彷彿這個想法是來自於我平時不曾注意到、更為深沉的另一個地方。這不是個有意識的請求，我從來沒有在和我家另一隻貓玩耍時，暗自心想：「這隻黑貓的顏色

我喜歡大海的聲音和它反射天空的方式。海平面上閃爍的顏色美得令人難以置信，再加上白色沙灘上所呈現出的水色，每一次都讓我感到驚豔。

——約翰．戴爾（John Dyer）／作家

好無趣，我喜歡擁有漂亮斑點的貓咪。」然而，很明顯「小獵豹」滿足了某種我自己所不知道的需求。牠滿足了一個與我內心產生共鳴的夢想；一個和宇宙有更多的聯繫，以及無條件的愛的夢想。顯化發生了；我甚至從沒預料到，這個夢想會透過一隻看似脆弱、有殘疾的毛小孩來實現。

我一看到牠身上那些可愛的斑點時，就立刻想起先前那個只出現過一次的（想要另一隻貓的）想法，我全身起了雞皮疙瘩，那是一種即刻產生的共鳴、一種完全瞭然於心的知曉。我學會傾聽那些訊息，刻意創造會發展出超越左腦、有意識的大腦的思維，能夠增強了我們的直覺，它存在於邏輯之外並且經常和邏輯相違背。我完全有實際的理由拒絕小獵豹，然而，我的能量場卻告訴我要接受牠。

相信天上掉下來的禮物，讓宇宙給你驚喜和喜悅，即使那跟你心裡所想的完全不同。

19 金錢

我認為沒有跟金錢一樣重要的其他話題。大家喜愛它、討厭它、害怕它、渴望它、追逐它，並願意為它出賣自己的靈魂。我們在金錢上面投入了太多與其本身無關的東西。金錢是一種能量單位；是我們用來為商品和服務配置價值並交換的東西，就這樣而已。

關於金錢常見的誤解

金錢是有限的

這是對金錢的誤解中，我最樂於澄清的一項。金錢是沒有限制的！金錢並非一塊大餅，如果有人拿到比較大的那一塊，那麼其他人分到的餅就會變少。如果你幫自己製作一塊大餅，是不會造成傷害，或是剝奪了他人所能擁有的部分。事實上，如果你願意，多餘的大餅資源可以用來贊助學校、支持藝術家、資助醫學研究，或者在阿拉斯加建造一條健行步道。

每一天，我們都是所有人慷慨分享的接收者。鋪路和修路的稅金、支付警察和消防員薪水、教師薪資……這些都是我們匯集財富的例子。

施比受更有福

事實上，給予和接受都非常棒。若把接受這個部分拿掉，會擾亂整個創意的流動，而且這麼做在邏輯上也沒有意義。你把身上有的一百美元送人，但是接下來不會再收到其他金錢，那麼你怎麼可能一無所有地繼續付出呢？事情不是這樣運作的。請你擁抱整個過程的兩端，並視為兩者為相補的行為（詳細說明請回顧〈顯化的祕密法則三〉和〈顯化的祕密法則四〉）。

金錢是萬惡之源

這可能是有史以來最常被錯誤引用的聖經段落之一。其實正確的應該是「貪財是萬惡之源」，而且用「萬惡」這個詞可能有點太戲劇化了。我會說，愛錢超過宇宙是個天大的錯誤；金錢只是靈性能量的出口。最重要的是，由愛所創造的源頭勝過創造本身。學習欣賞金錢，但不執著於它，並學習愛宇宙，讓金錢出現在你的生活中。

金錢並不靈性

這則傳頌了幾千年的貧窮宣言，讓人類的集體意識被這根深柢固的迷思給支配了。讓我們現在就把這一點說清楚：萬物一切都是有靈性的。一切嗎？沒錯，就是一切。一切存有，或是將會永遠存在的一切，都來自一個無限、廣大無邊的源頭，而這個源頭就是靈性源頭，因此，金錢也自動包括在內。你可以拿同等金額的錢，選擇資助政治人物或印度的孤兒院。金錢是一種中性的靈性能量。如果你是一個心地善良、充滿愛心的人，你很可能會用金錢來做善事。我很想看到所有具有靈性的人都擁有豐富的財富，因為他們會以超凡的方式改變世界。

世上有有錢的人，也有富有的人。

——可可．香奈兒／時尚品牌香奈兒創辦人

增加財務流的方法

給出你想要得到的

這就是「什一稅」這個概念的來源。從宗教的角度來看，信眾將自己收入的百分之十捐給教會；從靈性的角度來看，給予靈感來源定額的金錢，是增加財務流的一種方式。

能量要麼流動，要麼停滯。貨幣是一種能量單位，只要有流動就會增加，而佈施是增加流動的最佳方式。

如果沒有金錢可給予怎麼辦

無論你的財務狀況如何，都要給予。從小金額開始無妨；弄清楚你所擁有的金錢的百分之一是多少，並找一個對你來說有意義的地方付出這筆錢。對象不必非得與宗教或靈性有關，你有自己想支持的企業嗎？就把錢花在它們的產品或服務上。你也可以選擇生命中的某個人，並把這筆錢花在他們身上；如果你覺得用匿名的方式讓你覺得比較自在的話，也行。無論金額多小，都可以在某處發揮作用。放下對結果的期待，給予就對了，看看會迎來什麼樣的事情發生。

付出那百分之一讓你破產了嗎？還是你其實沒什麼感覺呢？給出去的感覺如何呢？你是否因為給予而體驗到任何事情呢？（比方說你朋友露出燦爛的笑容，給了你一個大大的擁抱；你贊助的機構寄來一張可愛的感謝卡。）

一旦意識到這種小型的付出對你不會造成任何傷害，甚至還可能同時對你和他人有所幫助，那麼，你的「給予信心」就會開始增長，慢慢上升到百分之二、三或四。請把發生的事情記錄下來，隨著更多的金錢流進來，請允許自己給予的金額也隨之增加。

有許多靈性教義認為什一奉獻的比例一定要是百分之十。我已經對此進行了多年的實驗，我認為確切的百分比並沒有為結果帶來任何的不同。重要的是，當你接收到金錢時，取一些來給予，而這個百分比可能會視情況而變化。不過，給予的關鍵是永

從事你所熱愛的事物，金錢會追隨你。

——瑪莎・西內塔（Marsha Sinetar）／靈性作家

遠自由和開心地付出。如果百分之十的比例讓你感到有壓力，那麼你當然不應該這樣做。要麼你得減少內心恐懼，努力讓自己感覺舒服，要麼就從小金額開始，然後逐步提高，直到你的財務信心變強為止。

其他種類的給予：時間與才能

時間

如果你的錢不多，那麼也許你比較有時間，例如你的生意正處在淡季，或者目前失業。在花時間尋找工作和建立人脈之餘，也請看看你可以將時間花在哪些方面來幫助其他人，像是在慈善廚房做志工、協助朋友清理車庫、幫助年邁的鄰居照顧他們的花園等。當你分享你的時間時，請記住，你是在回饋給每個人廣大無邊的內在靈性。只要你願意給予，也會有所得。

即使你認為自己沒有時間，我也鼓勵你做下面「時間預算」的練習。這練習可能會讓你發現，你比自己所想像的更有空閒時間，它還可以幫助你明白，你能以不同的方式來運用某些時間。

時間預算：你的時間都花在哪？

時間是極其寶貴的，你越能好好安排自己的時間預算，就越有時間去執行最有意義的事情，這也包括顯化在內。我還不曾遇到任何人說：「喔，我有足夠的時間做這件事。」我聽到的總是相反的回答：「我哪有時間做這件事啊？」忙碌讓人上癮，它不僅剝奪了我們的快樂，還剝奪了寶貴的時間資源。請追蹤自己把時間都花到哪裡去了，以及你是如何打發時間的，這是很有啟發性的。

顯化步驟小練習

寫時間日記

花一周時間，準確記錄自己清醒時是如何度過每個小時的。在所有具必要性的活動旁打勾，例如：你的工作時間。對於自由業者來說，這會比較複雜一點，有時候你可能會做自認必要的事情，但實際上並非如此。

記錄自己在這些事項上花了多少時間：

上網／瀏覽社群媒體

看電視／電影

僅出於義務性質的社交（而且未能滋養你的身心靈）

任何其他不必要的事情

請跟自己約定，要將一些空閒時間用在能夠推動生活向前發展的活動和實踐上面。你不需要完全捨棄上網或追劇的時間，但有所限制會是比較好的方法。大家都有過這樣的上網經驗，眨眼間幾個小時就過去了。不妨設定計時器，以便了解自己花了多少時間在網路上。

才能

我們每個人都擁有某些技能或才能。我擅長理財的朋友們簡單瀏覽一下預算，就可以輕易看出哪些有效，哪些無效；我眼中只看到「這是上面有一堆數字的一張紙」。但是，我可以輕鬆幫助其他人編輯他們的作品，並且已經做過很多次了。編輯他人的文字，對我來說實際上是一種喜悅，這種能量流動幾乎是毫不費力，對我來說也很有趣。給予不一定要是苦差事，事實上，我相信你在展現才華時的感受與行為本身是一樣重要的。找到你擅長的事情，並帶著熱情和喜悅去分享你被賦予的這些天賦。

善於接受

我在這一章的開頭曾告訴你，要能給予，也要能接受，但是現在又連續說了好幾則給予的建議。別擔心，我可還沒說完呢！

請參閱〈顯化的祕密法則三：值得與接受〉。這是一個極其重要的顯化原則，那一章也有些技巧幫助你學會「接受」。這裡有些額外的補充，那就是你可以透過肯定語來提升自己的接受度：

「我非常敞開地接受每一種可以想像到的美好。」

「藉由天意，我熱切地宣告一切都已經屬於我。」

「我值得接收，而且我大方地接收。」

「我給予的一切都以成倍的豐盛回到我身上。我開心地接收了這一切。」

「接受的感覺真好。」

細細品味收到的禮物

無論何時接收到禮物，你都要細細品味它的美好之處——就算那是媽媽寄來的一件橙配綠條紋的恐怖毛衣，可怕到讓你懷疑她是不是瘋了。無論如何，請去尋找禮物美好的地方，有可能是她想念你、她不希望你受寒感冒、她花錢購買並用快遞寄給你、她認為你會很喜歡它。請熱情地感謝她，並尋找會使用這件毛衣的人或組織，讓它重新回到能量流中。

尋找隨處可見的豐盛

每當我看到一元硬幣時，都會從地上撿起來。一塊錢似乎已經成了隨手可拋的貨幣，如果稍微多加關注，就會四處看見它們的蹤影。但錢不是垃圾，一元也還是一種能量單位啊，當它與其他面額結合時，也可以一樣產生影響力。當我撿起一塊錢時，總是會說：「宇宙謝謝你，給了我這麼多。」我鼓勵你也這樣做。

豐盛指的不僅僅是金錢，大自然的豐盛，隨處可見。大多數植物所產生的種子，遠多於可著地生根的種子，大自然已經如此設計，因此植物們就跟著一起豐盛滿溢。

花些時間身處大自然中，觀察其中的豐富性，仔細欣賞綠草的層層葉片，並留意旁邊茂盛的雜草。與其詛咒它們，不如祝福它們，你拔掉雜草，只會長得更多。剖開一個紅石榴，當你把一粒粒美味的紅石榴肉取出來時，請別忘了看看果實內部的豐盛。

樹木並不擔心這個季節它的葉子是否太稀疏，鳥兒不會因為下一頓飯的來源而恐慌；大自然充滿著信任，它是靈活的。大自然會隨著變化做出改變——當河流乾涸時，動物會遷移到新的水域。大自然在宇宙豐盛的運作上是位嚴師。

大自然是上帝的顯化。我每天都會走進大自然尋找靈感，我遵循自然界在其領域中所使用的構建原則。

——法蘭克・洛伊・萊特（Frank Lloyd Wright）／美國建築大師

顯化步驟小練習

與大自然豐盛的韻律一起進行冥想

請讓自己處於舒適的狀態，並開始輕鬆地一呼一吸。

觀想一片空曠的草地，想像自己的雙腳踩在柔軟的草地上，感受陽光灑在皮膚上的溫暖，微風輕拂你的臉龐。當你仰望燦爛的藍天時，聽見鳥兒從頭頂飛過時的鳴叫聲。往右邊看過去，你會看見綠色的植物捲鬚從地上冒出來，隨著葉子和花蕾的形成迅速向天空生長，然後擴展成盛開的花朵。放眼往前望去，草地上長滿成千上萬、五顏六色的美麗野花，且隨處可見。將這股豐盛的能量吸入自己的身體裡，提醒自己是大自然必要的一部分，現在豐盛是你的。讓富足和繁榮成為你與生俱來的權利。

宇宙是你的源頭，也是供應你所有美好事物的來源，包括金錢。豐盛就在這裡，而且已經準備好供你使用。

顯化補給站

四個讓你所做的一切變得更強大的方法

1. 寫下來。
2. 與智囊團的夥伴聯手。*
3. 以有效的方式進行觀想。
4. 每天親近大自然。

＊智囊團的概念是來自拿破崙·希爾所寫的經典著作《思考致富》。他寫道：「兩個或更多人運用其知識和努力，本著和諧的精神，共同致力於一個明確的目的。」同時，「如果沒有建立一個隱形抽象的第三力量（一種被比作第三種頭腦「智囊」的力量），那兩個頭腦絕不會攜手並行。」

20 事業與成果

我們花了幾十年的時間在工作上，其中也包括全職父母、全職照顧者和其他無薪資的勞動者。就算你退休了，你的人生目標也還沒結束哦！我會這麼說，是因為你還住在一個身體裡。這意味著你可能有時間創造讓自己感到充實的退休生活，無論是以一種新的（或更好的）方式來服務眾生，或是享受一些能提升你的休閒活動，而非每天在家呆坐或打瞌睡。

如果你很幸運，不需要為收入而工作，那麼你就有很多時間可以運用。本章的重點是，請用各種能讓你充滿活力、雀躍之情的方式來利用時間。這會讓你很高興自己還活著。

我到現在仍然覺得很驚訝，小時候吸引我的事情，如今正是我工作的一部分。剛學會在地上爬的年紀，我就會去把茶几上的雜誌拉到地板上。我媽媽回憶道，身為小小孩的我在翻閱雜誌時異常專注，好像很熟悉內容一樣。我十一歲開始訂閱音樂雜誌，每次都焦急地等著新一期的到來，即使成年之後，我的信箱裡還是出現各種訂閱的雜誌。對於印刷媒體的衰退，世界上應該沒有人比我還要更感到震驚的了。

我也開始為自己的業務撰寫電子報。很多電子報的內容通常寫得較為草率，主要公告最新的收費服務或產品，再加上一點點實用內容點綴。但對我來說可不是這樣。我把電子報的格式澈底翻新，內容包含音樂影片、詩詞、電影評論、個人攝影作品、小比賽、可下載的講義和梗圖，以及治療和課程相關的公告；我的電子報可說是集結一切我有熱情的事項。

某個跨年夜，我在三個社交活動之間左右為難：舞會、佛教冥想和現場音樂活動。通常我是非常果斷的，但是不知道自己當時是哪根筋不對，就是無法快速選定一項活動參加。各種可能的情緒一一浮現，然後我意識到了一件令人驚訝的事情——我最想做的，竟然是待在家裡，替當時為數不多的訂閱者編寫電子報，而我也真的就這麼做了。畢竟，這份電子報可說是我的個人雜誌，我身兼編輯、攝影、作家和設計師，我不想去任何地方或做任何其他事情。在忙碌中，我無意間瞥見鏡子裡的自己，

不朝有路可走的地方去，而是朝沒路可走的地方去，並留下一條小徑。

——愛默生／十九世紀思想家

穿著內衣、頭髮紮成邋遢的髮髻，然後想到自己之前提到要有光鮮亮麗的生活，不禁笑了起來。在新的一年裡，我充滿了熱情的創造力，從事著我喜歡做的事，這些也是我從小就深受吸引的事。

我希望你也能在跨年夜，穿著內衣褲，花時間在自己熱愛的事物上，而且是那種只想自己單獨一人去做的事。

我實際上從未打算要賦予電子報新生命，並納入我的事業中。然而，我還是開始了這個過程，學會怎麼使用電子報軟體，通常這不是我的拿手天賦，但是不到幾分鐘，我就在製作自己第一版的電子報了。當我在填寫必填的空白處時，想法開始冒出來。我何不手繪一張感恩表格，並附上掃描檔案，這樣大家就可以在家裡把它列印出來；我何不在每年生日當天，送出十本自己最喜歡的書籍呢；我何不分享自己攝影的照片，而不是使用圖庫裡的圖片呢？每個想法都像是一道火花般，自然地延燒起來。同事問我是從哪裡蒐集到這些靈感的，我說：「太簡單了，我只是喜歡編寫電子報，這些想法就剛好及時抵達了。」

每當我坐下來草擬下一期的內容時，總會察覺到幾個小時瞬間就過去了；這狀態依然發生，而且是每．一．次．都這樣。

專注不費力

如果你不清楚自己真正熱愛的是什麼，這裡有個重要的線索：從事這項活動時，不需特別努力，你就能進入專注狀態。這並不費力、不痛苦、不強迫，也不需要看時間，而且幾個小時一下就過去了。

我學生通常聽到這裡會說：「好吧，我喜歡編織，而且可以連續織個好幾天，但是我沒辦法以此維生啊。你是希望我們試著用編織養活自己嗎？」

我之所以決定給金錢一個單獨的篇章是有原因的。對於許多人來說，我們的職業生涯會是財務豐盛的主要來源，但是並不全然如此。金錢能以最不尋常的方式來呈現，而且是以那種看似只有電影才會發生的情況，例如龐大的遺產、樂透、贏得比賽等。這都是對於發揮創造力的可觀回報，所以請敞開心扉，顯化金錢。時間是自己的，請隨心所欲地運用，不要把你的熱情放在金錢上；金錢能讓你生活，但是熱情給你生命。

順便說一下，你的確能夠以編織、烤杯子蛋糕或是寫電影劇本為生，因為世界上存在許多對不同事物的熱情。因此，將它們貨幣化的方法也是不勝枚舉。我曾經遇過一位熱衷於打造完美眉毛的女士，她創造了擁有數百萬營收的成功企業，她造訪了她家半徑四十英里內的沙龍，為所有年齡層的女性修眉毛。沙龍會為她預約顧客和預先收費，她只要在特定的日子去沙龍，發揮自己的藝術才能，就可以獲得報酬。有一次，她給我看了她在高中美術課程裡所畫的插圖——哇，好多的眉毛啊。老師們無法理解她的畫，她自己也不明白；然而，這卻成了她的夢幻職業。後來，她在自己的商業模式中加入「眉毛師」的培訓課程。如果連眉毛都能讓人開心，而且還能賺錢，那麼還有什麼是不行的呢？

讓我們索性稱前面那位有疑慮的編織者為瑪麗亞吧。於是，她開始將自己的愛和精力投入編織當中，朋友們不懂她為什麼要這麼做，質疑難道她不會無聊嗎？手指不會痛嗎？瑪麗亞無視這些質疑，繼續她的編織計畫。然後，有天瑪麗亞忽然想出了一個全新的編織方法，而且是可行的。因此，她開始教其他人這個新的編織法。為了宣傳這些課程，瑪麗亞製作了有趣的預告影片，主題包含如何挑選引人矚目的毛線配色，以及針的尺寸有多重要。這些影片最後讓她登上了電視節目《今日秀》（美國NBC脫口秀節目，亦報導晨間新聞），她以現代編織專家的身分受訪。接下來，還出了書，開發了自己的編織工具品牌，還成為居家風格雜誌《瑪莎·史都華生活》裡的長期專欄作家。

你可能會覺得這是天方夜譚，然而，如果你研究成功人士的傳記，許多故事都是這樣展開的。一個人追隨自己的熱情所在，不因他人的意見（甚至嘲諷）而退縮，這種熱情會演變成更偉大、更繁盛的生活。最棒的是，如果你花比較多的時間做自己喜歡的事情，你並不會去等待特定的結果。你一直熱愛這個創造的過程，所以當它開始成長時，你也隨之成長。

每個人都有自己熱愛的事物。每一種愛好，也都會有同好出現。我曾看過一章汽車保險槓上的貼紙寫著：「我為猶太人的墓地剎車。」我想，就是因為有夠多的人參與了這項特定的活動，因此他們成立了一個組織，並製作保險槓貼紙來推廣它。這是個很棒的啟示。

你知道為什麼一個人的愛好能開花結果嗎？這是因為熱情是會傳染的。渴望它的人，就會被吸引，而且有需求！你成了熱情的容器，你和自己的愛好同時都變得非常有吸引力。除此之外，熱情還會蔓延。給自己多些熱情，它也會在自己生活中的每個領域發芽。

熱情就是能量。專注於去感受那個讓你覺得興奮的事物所帶來的力量。

——歐普拉．溫弗蕾／美國知名脫口秀主持人

顯化理想職業、靈魂目標或休閒時光的步驟

關於顯化的反思——天分和技能

1. 孩提時代你喜歡做什麼？請寫下你能想到的一切。
2. 哪些社會或政治議題，會促使你想要參與其中？
3. 如果你是擁有超能力的超級英雄，會如何改變世界？（你不必等到成為超級英雄才對幫助世界充滿熱情。既然知道自己想要幫助什麼部分，現在就可以開始了。）
4. 你最近一次考慮嘗試新鮮事物是什麼時候？是什麼樣的新鮮事？你嘗試後的感覺如何？
5. 想一件你一直想嘗試去做的事情，並擬訂計畫去體驗它。
6. 你覺得誰過著充滿熱情和活力的生活？可以是你認識的人，也可以是任何著名或有名望的人。請描述他們的特質為何。

如果你認識這個人，我建議你仔細和對方聊他的熱情。放心，你不會打擾他們

的。聊自己喜歡事情，多數人都會滔滔不絕。談論自己對什麼充滿熱情，會帶來豐盛的感覺，因此，這會是非常愉快的。

顯化步驟小練習

觀想釋放熱情

做這個練習時，你不需要知道自己的熱情會用在哪方面。你將允許潛意識以它的語言，將你與熱情的能量連結起來。不久之後，無意識的東西就會變成有意識了。

1. 想像你正走在一個讓你覺得平靜的地方，可以是自然環境，如海灘、草地或山腳下的小屋。

人生的目的，就是活出有意義的人生。

——羅伯特・伯恩（Robert Byrne）／作家

2. 花幾分鐘有意識地做幾回合深呼吸。

3. 想像你走著走著，看到前方似乎有東西。逐漸走近後，發現那是個漂亮的盒子，蓋子上寫著「我的熱情」。

4. 將手放在盒子上，感受其中強大的能量。

5. 感受發現這份珍貴禮物時的興奮感。

6. 打開蓋子，讓盒子裡的能量充滿你的心，傳遍全身，並帶來好奇、熱情與興奮。

7. 如果你看到任何符號或影像，請記下來。你也可能會聽到聲音，或身體產生感覺；覺察一切。

8. 明白這能量已經點燃了自己內心的熱情。

9. 睜開眼睛後，讓雙腳在地板上輕輕地上下踏步，讓自己的能量向下扎根。

做這個練習最酷的地方在於，熱情往往已經在你不知情的地方開展。如果你對自己的熱情何在還是不清楚，也不要感到氣餒。努力創造你現在最需要的東西，並對你內在點燃的事物保持開放的態度。

寫作一直是我的真愛，因此當我不斷獲得公開演講的邀約時，經常感到極為抗拒，認為「這不在我的計畫中，這不是我想做的」。然而，這些邀請和直覺的呢喃仍持續著，於是我消除了自己的恐懼，並開始答應這些邀請。現在，我身為一名演講者，而且滿足了自己之前從未知曉的創作需求，無論是撰寫演講稿到登上講台，我都非常喜歡。如果我沒有讓這股熱情穿透我，並展現在生活中，我就會錯過許多難以想像的經歷，以及它們為我帶來的種種機會。

21 健康與美麗

健康

無論你是健康的，還是正苦於短期或長期的病痛，使用這些顯化法則和練習都能對你的身體健康大有助益。

我發現自己會過度忍耐身體的不適，而且都會忍到不適感加劇後才會注意到；我知道，不是只有我會這樣忍耐，這是忙碌生活所產生的副作用。重要的是，要知道，在病情開始時就予以療癒，通常會比病情加劇後要來得容易治癒。畢竟，當你沒在承受那些令人虛弱的疼痛時，會更容易集中注意力。我的經驗法則是，迅速採取行動，並扭轉健康狀況。同時，別讓長期的病狀「說服」你它是無法治癒的。我親眼目睹許多貨真價實的奇蹟：無法手術的腦腫瘤消失了、血液中的癌細胞消失了、多發性硬化症的診斷結果是無症狀、視力顯著改善，一個本來需要摘除的膽囊不再疼痛，甚至健康如初。在這些案例中，顯化者同時接受醫學治療，以及本書所提到的練習來協助自己。在某些情況下是沒有可用的藥物以供治療，所以當事人選擇仰賴自己創造性思維的力量。在我前面列出的所有個案中，旁人都不認為這些病症能痊癒，像那位不能動手術的腦瘤病患就是處於這種狀態。但是，當事人和家人決定跳脫傳統，嘗試任何可以治療的法門，這讓他們找到了我。我和一些祈禱實踐者，替此人使用了正向宣言的祈禱。兩天後，經過醫院檢驗證實，腦瘤已經消失了。將這些過程與你正在做的任何藥物或治療一起使用，會是很有益處的。你不必等到看似無法治癒的狀況出現，才將顯化法則納入治療自己的一部分。讓這些練習成為你日常生活的一部分，生活中的各個面向都會受益，包括寶貴的身體。

手術、藥物治療或其他醫學治療絕對是治癒一個人的方法。需要治療身體時，請務必尋求可信賴的醫療專業人員的建議和治療。你可以知會他們，你在接受醫療的同時，也會進行一些身心練習。這可能需要一點勇氣，然而，我發現越來越多的醫生對身心靈之間的連結有更深入的了解，也支持這種做法，而且整個替代醫學領域也都致

每個人需要美好的事物就像需要食物般，也需要玩耍和祈禱的處所，在那裡大自然可以治癒你，並賦予身體和靈魂力量。

——約翰・繆爾（John Muir）／美國現代環保之父

力於此。

我最近在癌症中心探望朋友戴瑪麗，因為她正在接受化療。這家醫院對我來說是個啟示！醫院大廳裝有祈禱籃，和一棵由鐵絲繞成的大樹，樹上附有彩色紙張。每張小紙都有一句勵志名言或諺語，你可以取下並隨身攜帶。所有患者都可以參加支持小組，像是靈氣、按摩、藝術治療和各種類型的小組課程。電梯門內張貼著一條強有力的信息：「吸入勇氣，呼出恐懼。」我可以向你保證，資金正投向這類型的創新舉動，因為世人已經對身─心─靈的連結有了更深入的了解，大家開始明白這些東西是有成效的。

每位醫生和醫學研究人員都知道安慰劑效應——給患者假藥、假的藥物注射或手術。病人會被告知這種（假的）治療可以治療他們的病症，其中一些患者甚至根本沒有接受任何真正的醫治也能痊癒，他們就只是相信自己有被治療，如此而已。幾十年來，它已在醫學研究中得到認可。安慰劑效應是如此強大，導致現在的藥物研究必須對此效應做出解釋，並推測一定比例的療效可能是由安慰劑效應所引起的。

當你要顯化健康時，結果可以透過幾種不同的方式顯現：

1. 你沒有做出任何外在改變，情況就發生了變化。
2. 你直覺地「下載」重要且特定的生活方式改變，例如：飲食、運動、另類療法和／或傳統醫療、壓力管理或藥物和／或營養補充劑。直覺帶來的訊息可能也會鼓勵你在靈性領域做出變化，例如學習冥想、祈禱或找尋宗教信仰或靈性社區；抑或是這些訊息可能會鼓勵你改變職業、人際關係或生活狀況。你執行了這些改變，病情就會得到療癒。

3. 你了解到這種情況背後有個痛苦的限制性信念或回憶。（請見第二十四章〈處理懷疑與釋放阻力〉）療癒信念，情況就會消失。

不要因為顯化的結果不盡人意，而批判這結果或你自己。我們所有人都想要選項一，這是人性。如果所有痛苦都消失了，一切都會非常有效率，而且簡單，不是嗎？但是對於選項二和三，我發現當這種情況發生時，還帶有額外的好處。

舉個例子，你的膝蓋和肘部患有牛皮癬。在觀想它們消失時，突然浮現一個該去認識腸漏症的直覺。你在搜集相關訊息時，你發現除了皮膚問題之外，腸漏症還會帶

在我們之前的每一種文化和每一種醫學傳統中，治療都是透過流動的能量來完成的。

——艾伯特・聖捷爾吉（Albert Szent-Gyorgyi）／諾貝爾生理醫學獎得主

來其他症狀，因此你針對這種情況實施了治療方案。你原先認為這是不可能的，但是發現自己還是有動力去執行。那些不舒服的紅點不但消失了，而且你還感到精力充沛、注意力集中，比以往任何時候都更快樂。你睡得更好，消化狀況提升，甚至擺脫了多餘的體重。這可能需要你付出一些努力，但效果非常卓著。

你也不必等到患重病後才選擇改善健康。成長總是具有潛力的，而且你會比以前感受到了更多的能量與活力。

顯化步驟小練習

觀想健康與美麗

引導式觀想對提升健康狀況非常有幫助，此過程不僅可用於改善容貌外觀，像是皺紋、老人斑和皮膚彈性等，還可以用於改善消化和體重等健康狀況。

準備

1. 選擇一個你想要療癒或改善的健康狀態。
2. 做一些視覺上的研究。除了從事醫學和健康領域的人士，大多數人對解剖學所知甚少。如果你不知道自己的腸道內壁應該長什麼樣子，或你的肝臟位於何處，請找出答案，並了解你正準備處理的身體部位或系統（例如循環系統或消化系統）。
3. 這個器官或系統在健康狀態下會是什麼樣子或感覺？當這個器官或系統處於最健康的狀態時，你的感覺會如何？請找出答案。

觀想過程

1. 保持舒服的姿勢。
2. 專注在呼吸上，並讓身體放鬆。
3. 想像自己伸出手掌，掌心有顆金色光球，將這個光球放入身體，並看著它到達需要治療的區域。
4. 看著這金色的光所做出的改變，以下是可能產生的變化：

- 降低發炎
- 淨化臟器
- 放鬆緊繃的肌腱
- 撫平皺紋
- 緊實鬆弛的皮膚
- 溶解堵塞物
- 溶解脂肪

5. 告訴你的細胞，你知道它們有能力讓你恢復平衡。你可以說：「細胞，我允許你將這種情況轉變為健康狀態。」
6. 如果這種情況得到改善或治癒，你會擁有什麼樣的感覺呢？是解脫、平靜，還是興奮呢？請培養這種感覺，也就是在內在創造這些感覺，每次呼氣時擴展它們。
7. 當你覺得完成時，睜開眼睛。

其他與顯化健康有關的練習

為健康祈禱的正向宣言

在這個無窮無盡的宇宙中，有一種力量創造了所有生命，包括我在內。我是這股力量的一員。它是全知的，也是全能的。我知道這個力量就是（宇宙、上帝、生命、高我，使用你覺得有用的名稱）。宇宙存在於我的各個層面裡，包括我的內心、情感和肉體維度。不論是什麼導致了我的外觀出現狀況，我肯定它現在已經被連根拔起，並完全消失了。我散發出充滿活力的健康，我是快樂活力的體現。身體的所有系統都完美和諧地協同工作。我感覺和看起來都很美麗，這種良好的感覺讓我很感激。誠心所願！

知道我們無論如何都是被愛著的，會給我們最好的機會成長為最健康的人。

——弗雷德．羅傑斯（Fred Rogers）／美國知名節目主持人、牧師

願景板

尋找一些健康、快樂、充滿活力的人的照片，以及找出對你來說是代表宇宙的圖片，再找些對你來說感覺起來就是象徵健康的圖片。那可能是一棵非常古老、強壯又堅固的大樹，或是一株開花的藤蔓，隨著棚架往上攀爬生長，並繁花似錦地盛開著，顯示出了它的生命力和進步。進入一種白日夢的心理狀態，每天凝視它幾次，連結健康的感覺。更詳細的製作方法，請參閱第十六章的〈顯化的祕密法則九：願景板〉。

這裡我也分享一個療癒的真實故事。我受邀到英國約克市參加情緒療癒從業者的會議。打從我還是個龐克搖滾少女時，就一直想去英國。我會收集印有英國國旗的紀念品，包括一件我一直穿到破掉的寶貝T恤；在英國音樂雜誌裡翻找地下樂團，閱讀完最新的樂團資訊後，我會再用雜誌跟朋友進行交易。即使我從未去過英國，但是我感受到一股真實的連結。多年之後，這個夢想終於成真，我要去英國了。

會議地點是在著名的皇家約克飯店，抵達後，我從房間的窗戶向外望去，很開心自己能看到環繞著城市的古老城牆。但很快地，我的喜悅被不知所措和恐懼所取代，因為出席這次會議的人員幾乎沒人知道我是誰，而且我還是個缺乏經驗的演講者。如果失敗了怎麼辦？我一直接收到要在這次演講中談論靈性主題，即使這個話題似乎不該在這種類型的會議出現。要是主辦人後悔邀請我來演講怎麼辦？要是我在眾多同業面前自取其辱呢？在活動的第一天，我被自己的恐懼嚇得癱軟，幾乎無法消化其他人的演講，也無法與任何人交談。為了避免自己嚇到躲在桌子底下，我在晚宴提前離席，回房複習我的筆記並排練演講。我預定自己在第二天早上會起個大早，並且教一整天的工作坊。

當我大聲朗讀筆記時，突然感覺有些不對勁。我開始注意到自己需要一次又一次地清喉嚨；鼻子變得有點鼻塞，當我擦拭汗濕的額頭時，皮膚摸起來滾燙（那時可是一月，所以不是天氣太熱的關係）。我覺得整個身體開始變得緊繃和濕冷，我看著浴室的鏡子，整張臉紅得像顆番茄。儘管我一直試圖忽視這些症狀，但這種認知給了我一記耳光。我得了流感，身體被發燒之火吞噬了。我的室友兼朋友，同時也是另一位主持人瓊迪回到房間，我坐在床沿上，雙手抱頭，一邊跟她分享發生的事情，一邊哭了起來。我千里迢迢來到英國，來到我夢寐以求的地方，這是有史以來我第一次有機會在國際上演講和教學，而現在這一切都將毀於一旦。他們可能不得不在最後一刻找替代講者，我到時除了覺得丟臉之外，想到工作坊將被取消又是一陣傷心。再見了，我本該賺到的金錢，那是資助此次旅行急需的資金，而且我還會孤身一人在異國他鄉生病。

但是，親愛的讀者，我並沒有輕易放棄，即使一切看起來都注定不可能。我的靈性工具箱裡面還有很多創造魔力的顯化工具，現在是使用它們的時候了。我傳了一則SOS訊息給我在紐澤西的靈性團隊，他們立刻開始為我施行正向肯定語祈禱，瓊迪和我則是一起使用了能量治療法。然後我想像自己站在舞台上，大聲且自豪地說話，我祈禱自己釋放恐懼，並恢復完美的健康。

在這節骨眼上，我知道自己已經做了所有能做的事了。我吞下了一周分量的保健食品，喝了大約兩公升的水，然後上床睡覺。我全然地把一切交給宇宙，並且臣服，因為我已經盡人事了，現在就是聽天命。

那天晚上，我體內的火熊熊地燃燒著，整個人感覺起來就像是行駛在波濤洶湧的大海中一艘顛簸的船。發燒的夢感覺起來，就像是房子出現了有趣的幻覺。在我的潛意識中，一場真理與過去曾經相信關於自己的謊言正在進行大對決。我從來沒有經歷過這樣的事情，這應該就是毛毛蟲羽化成為蝴蝶時的感覺吧！

隔天早上我一睜開眼睛，就知道自己痊癒了。我的睡衣和寢具都被汗水浸濕，然而我卻充滿了正能量，一點疲累的感覺都沒有。我的室友很早就出門了，好讓我有時間準備一整天的行程。我照了照鏡子，所能想到的只有：謝謝！謝謝！謝謝！謝謝！

那天早上，我不但登上了舞台，而且還博得了滿堂彩！我準確地表達了自己想說的話，而且完全按照我想要的方式進行。有一件事是肯定的，他們從未見過像我這樣的演講者。我像是火力全開一樣，不是發燒時的那種火，而是發自我靈魂目標的火焰。我的工作坊席次也銷售一空。第二天，我站了一整天，教導、敲擊、祈禱、講道，並分享有關治療、顯化和創造過程的啟發性洞見。在我身後的窗戶裡，當陽光意外地灑進來照亮整個房間時，可以看到宏偉的約克大教堂；我也愛上了那裡的每個人。世界上的一切都是「正確的」，這是難以解釋的。我是來談論各式各樣的奇蹟的，我自己正好體驗了一次，因此能成功分享。

那場活動大大地推進了我的職業生涯，除了獲得自己急需的信心，我還滿懷感激地回到家中，另外還有一個令人意外的副作用——我開始敢誇耀自己。以前，這種自我誇耀行為是不可能發生在我身上的，因為我不喜歡推銷自己，但是，作為一名新手自由工作者，懂得自我推銷是必不可少的技巧。此外，如果沒人知道這種靈性工作的好處，又有什麼用呢？我滿懷熱情、真誠和謙遜地談論我的工作。最終，我明白自己

沒有什麼比我們的健康更重要——這是我們的主要資產。

——亞倫・斯佩克特（Arlen Specter）／美國作家、政治家

可以做什麼了，也明白宇宙可以透過我來做什麼了。

第二年，我再次受邀演講，我必須站在相同的舞台上，有許多同樣的人在現場。我跟他們分享這個故事，感激的淚水從我的臉上流了下來。那一年對我來說，一切都變了，一切都從那個時候開始；從一場看似災難的時刻開始。

現在，每當我感到迷失或卡住時，都會重溫這段回憶。那天晚上，一切都是安排好的，也給我帶來了我所需要的東西，也因此我才能夠從事自己需要做的事情。

我自己所做的練習，以及那些以我的名義所做的練習，再加上我靈魂目的的呼喚，一切都共時地做出了一個強大的顯化。我的流感幻化成了健康、幸福以及目的。

顯化補給站

三種能助你敞開接收的體育活動

1. 瑜伽大休息

在完成瑜伽練習後進行，這對身體也是有益的。躺下，雙肩往後，胸部打開，掌心朝上，全身放鬆，同時專注於呼吸。

2. 有氧運動

提高心跳實際上可以讓你接收更多的愛，請快走、快跑、跳繩，讓心跳加速吧。

3. 保持寧靜

將雙手交疊於胸腔中央，閉上雙眼，並深呼吸。

22 戀愛關係

多年來，我都有在教一門關於顯化戀愛關係的課程，叫做「讓愛進駐」（Letting Love In）。這個課名很重要，因為大多數渴望愛情的人認為，他們只需要走到某個地方就會找到愛情。他們幾乎在所有可能的約會網站和手機應用程式上註冊了，希望自己最終能遇到契合的有緣人。因此，我想在課程標題上說明：愛情是一項內部工程。「空出時間」和「約會」可能是這個過程最重要的部分。開放性帶來了新的可能性，而約會可以幫助你弄清楚你真正想要的是什麼。在我二十出頭的時候，我真的很想找個音樂家男友，等到我真的和一位音樂家約會之後，我很快就意識到了我以為自己想要的，並不是我真正要的。從那時起，我的願望就更新成：要能跟我的價值觀和生活方式匹配的人約會。隨著我的成長與改變，這些願望不斷擴大，以符合越來越多現在的我所擁有的特質。

我自己和其他人都發現愛情並不僅是個數字遊戲，而阻止人們去愛的實際上是內在障礙。一切都是「由內而外」的體驗，沒有什麼比戀愛關係更能讓你感受到自己的脆弱了。畢竟，同居生活意味著當你早上醒來收到壞消息、因犯錯而失去冷靜時，你的愛人會在身邊看到你的真面目，不像我們在曖昧或相互追求時能夠戴著美好的面具。

而愛情——所有的愛情——終究會走向消逝。「啊，愛過又失去，總比沒有愛過好。」這非常真實的一句話，只是剛被甩的人不會認同。愛情是千百萬首傷心情歌的素材，一定不會錯，這是個非常脆弱的區域，會讓你敞開到容易受到嚴重傷害。那些害怕被傷害的恐懼，就像愛情旅程中的地雷，我看著人們踮起腳尖小心翼翼地，控制著、檢查著、防禦著，觀察著任何潛在的差錯。這些是否看起來很熟悉呢。

迴避愛情的隱性方式

1. 期待完美情人：新戀情的一切必須十全十美，舉凡工作、財務、身高、體

你的任務不是去尋找愛，而是去找出你內建的那些與愛對峙的所有障礙。

——魯米／十三世紀伊斯蘭教蘇菲派詩人

重、年齡。「她至少需要有碩士學位，收入六位數，會跑馬拉松，做得一手好菜，而且擁有一艘帆船。」每當我打電話給某位學生時，都會得到同樣的回應。「我可是很挑的，你也說過我可以顯化自己想要的對象呀！」我還曾經有位藝術家學生，帶著她未來理想愛侶的牙齒畫作來上課……沒錯，牙齒！她很確信自己要未來的愛侶會擁有這樣完美的牙齒，而且她覺得這張插畫會說服我其必要性；然而我所看到的只是一個對愛有內在障礙的人。我告訴她，如果這位黃金美齒先生真的出現了，但是卻身染毒癮，她可能會想要修改這些條件的優先順序。

2. 重視外表：請看看前一項內容。與另一個人共享和諧的生活，會需要某些特質，這包括：住房、財務和家庭。這就是愛情的實際面，再來是關係本身的靈性層面，能感覺被看見、被認識和被重視似乎不在清單中，然而這些感受都非常重要。

3. 目標固定在某個特定的人身上：我必須承認，這是一個很容易讓人陷進去的坑。有時你會遇到一位有吸引力到讓你無法抗拒的人，關於這些人是誰或什麼，有很多說法，而且我都聽說過，從前世的靈魂伴侶，到吸引你解決過去未解傷口的催化劑，再到引誘你偏離自己人生道路的邪惡誘惑；又或者他們是你最寶貴的財富、或最大的敗筆。事實是，它們可能是以上所述的任何一項，我見識過每一個可以想像的結果。可以肯定的是，無論情況如何，這些人都提供了一份真正的禮物——他們在你身上所激起的情緒感受。想當然耳，你可能會覺得怎麼一切都跟他們有關呢！他們確實是激發了你的內在情感，但是，那些幸福的、旺盛的、激動人心的、充滿激情的感覺是你自己一個人的。你可以用那些感覺來吸引你想要的關係，你只需要放下那人長相為何就行了。不管對方有多可愛，就讓長相、身形、名字、跟你住在同一個社區、上了同一所大學等念頭放下吧。請放下這些想法。

自由意志

這裡有一段關於操控和自由意志的說明。在所有情況下，試圖顯化任何涉及他人特定行為的事情不僅不道德，而且在業力上也是不可取的。你可以把意念聚焦在自己想要的誘人合約，但不需要同時又希望競爭對手輸掉。你可以專注於你想要的愛情品質，而不是去指定「某個人」成為你的對象。試圖鎖定特定對象成為你祈禱的答案，是很危險的事。他們可能是別人祈禱的答案，或者他們其實擁有某些可怕的特質，與你所想像的差距甚遠，只是現在你還沒見識到罷了。專注於品質和感覺，但是不要執著於某個「特定的容器」。操縱是不好的，可因此召喚宇宙的回力鏢，破壞了你正在創造的美好事物啊。如果你覺得這個建議很難遵守，請參考第二十四章〈處理懷疑與釋放阻力〉的流程。

當顯化時，我們內在的控制狂有時候會想要掌控並強迫宇宙聽令。這種現象在建立浪漫關係時變得更為強烈。這麼做，永遠不會讓你得到你最想要的事物。當這種情況發生時，請傾聽你內心的控制狂，讓它表達它的需求，再傳送愛給它，並將這些固執的要求轉交給宇宙消除，請你臣服並虔誠地表達。如果你必須重複這個過程一百次，那就做一百次。宇宙知道如何處理這一面的你，讓它不會阻礙美好愛情的到來。

吸引愛情的通則

1. 擁抱所有的愛：這個愛可能不是你所期望的來源，可能看起來也不像你想要的。但是愛就圍繞在你身邊，當我們能接受日常生活提供給我們的愛時，我們的愛的指數就會增長。我們讓愛進駐得越多，自己就會越有愛；越是有愛，我們就越滿足。然後你理想中的愛侶就可以進入愛情的綠洲，而不是絕望的沙漠。

幾年前我父親去世時，我也同時經歷了人生各個領域的重大轉變，導致了一場完美的情緒潰堤風暴。我進入了生存模式，日復一日，一刻接著一刻。我並不擅長尋求幫助，但是現在已別無選擇，因為我需要支持。然後最怪的事情發生了，很多我以為會支持我的人都沒有出現，前來提供支持的人反而是那些從沒料到他們會伸出援手的人。這一次，我釋放了所有的標準和期望，我讓可以支持我的人支持我。

這麼做真是一種解脫啊！不僅如此，對於那些無法挺身支持我的人，我也沒有因此產生怨恨。我的需求正得到滿足，這才是最重要的。如果我陷入自憐、自責，並苦澀地想著：「某某需要我的時候我都會在她身邊支持她，我需要她的時候她卻缺席了。」那麼，這個已經充滿挑戰的時期只會變本加厲。

2. 慶祝愛情：當你與擁有自己想要的關係類型的夫妻相處時，請為他們慶祝；這也可以包括著名的公眾人物。這並不表示你必須為他們舉辦派對，或公開表達你的感激之情。請注意覺察他們的愛情模式吸引你的地方是什麼，是他們彼此心意相通的方式？或者是他們良善和溫柔的交談方式？還是他們一直以來支持彼此的模式？記住那些有價值的訊息。

3. 你不想要的特質：這是相反的情況，覺察那些讓你覺得退避三舍的浪漫關係；這很容易就能找到。如果你身邊就只認識幸福的夫妻，請看看一、兩部實境秀節目。什麼部分讓你覺得不舒服？他們看起來是否很有距離感，而且對彼此漠不關心？是那種遏制不住的蔑視感嗎？還是其中一位在利用另一位呢？記下這些有價值的訊息。找到他們這些行為的積極面，並將它們添加到你對自己理想的愛情日益清晰的認知中。

4. 放下你過去喜歡的類型：有位朋友和我分享了一件令人驚訝的事情。他曾經發誓說自己永遠不會和拉丁裔女性約會，因為他覺得她們「太傳統了」，而他就是坐在他那非常不傳統、獨立、聰明且漂亮的拉丁裔妻子旁邊告訴我這件事。我們都為此大笑起來。在我教授這門課程的這些年裡，我的每個學生幾乎都吸引了一種與他們自訂的規則相反的戀愛關係。「我絕不跟從事藍領工作的人約會」、「他們的年齡，或大或小，必須和我相差三歲以內」。愛情能夠、也經常以一種出人意料的方式出現，這現象發生得很頻繁，我開始懷疑，這些「自訂的愛情規則」到底最初是打從哪來的？我相信這可能就是出現排斥的原由所在。這並不代表你沒有擇偶標準，事實上，你可能需要擴展那些標準，這意味著不要執著在那些不重要的條件上。你的下一位愛侶，可能是一位矮小圓潤的女孩，有著一頭紅髮並戴著一副眼鏡；或者她可能是位又高又瘦的金髮女郎。如果這是一段吸引力強大的愛情，你們彼此又相互吸引，這些外在條件又有什麼關係呢？當你遇到這種愛情時，你就會明白了。

愛的層次：探究外貌以外的

1. 身體外觀：這通常是愛情顯化者特別會關注的地方。這不僅包括身高、體重和眼睛顏色等身體屬性，還包括職業、教育、財務、地點、年齡、生活方式的選擇，以及出身家庭等。我建議你在外貌這方面保持一般要求就好。往後你說到外貌，不妨改用以下句子祈禱，結果永遠不會讓你失望的：

我的新對象瘋狂地被我吸引，我也瘋狂為他／她所著迷。

我可以向你保證，這才是最重要的。如果猶如磁鐵般且充滿激情的吸引力，對你來說很重要（對大多數人來說也是很重要），那麼，就把你們對彼此的這種感覺當作你的正向肯定語。我曾經和外表非常有魅力的男人約會過，但我並沒有覺得被他們吸引，無論我多麼頻繁地告訴自己應該被吸引。放下對外在的執著，擁抱自己想要的感覺，而且這種感覺是互相的。只要想到他們，你的心跳就會加速，這就是個值得關注的部分。

在財務方面，我會避免給出確切的金錢數字，而是以正向肯定語取而代之：

我的新愛侶在經濟上是負責任且安全的。

以下是一些能夠進一步釐清物質層面的問題：

- 描述你的生活方式。
- 你社交的頻率或程度，以及你是否希望這種情況有所改變。
- 你的飲食習慣。
- 身體健康程度。
- 首選的娛樂類型。
- 睡眠習慣。

在你想要的伴侶生活方式旁，選出你希望對方能和你匹配的項目，並打勾。如果你真的希望他們擁有不同的生活方式，請描述會是什麼。

2. 情緒層面：如果你過去曾在情愛關係中感到失望，那麼，你很可能是在這個層級。從情愛關係當中輕微的不誠實到嚴重的背叛，都可能讓你沒安全感，感到不受尊重或不被重視。將這些消極感受轉換為你要尋找的正向力量，思考一下自己對伴侶情緒上的需求是什麼？什麼樣的特質會讓你即使處在他人面前，也能有回家般的自在感受？當你過了很糟的一天，你會希望自己的伴侶用什麼樣的方式來支持你呢？身為一對愛侶，你經歷到一個挑戰，你的理想伴侶會如何回應你呢？

3. 心理層面：在這裡，你將檢視雙方共同的價值觀、解決問題的能力、回憶、人品，以及溝通能力。評估一個人的智力對你有多重要，你想要一個比你更聰明的伴侶嗎？

列出你的核心價值，並勾選出你覺得情愛關係中的基本價值觀。

愛與被愛，就是感受雙方的陽光。

——大衛．維斯科特（David Viscott）／美國精神科醫師

4. 活力充沛：充滿活力的連結意味著你會感覺到你的存在有一種擴張感，而不是退縮感。記得上一次你感到完全放鬆地和另一個人連結是什麼樣的感覺嗎？你怎麼知道那個連結是在當下的？

5. 靈性：思考一下，你的伴侶是否需要擁有跟你相似的宗教或靈性信仰、觀念，請思考這些對你的重要性。同樣重要的是，也請你定義出所謂靈性的連結是什麼。也許你會想感覺到自己似乎很早以前就認識這個人了，或者這種連結是超凡脫俗的。有著深厚靈性連結的伴侶，往往會有一種似曾相識的感覺。因此，在靈性連結上，對你來說最重要的是什麼呢？

運用此練習所探究出的清晰度，來創造你想要經驗到的伴侶的影像，以及彼此的連結。運用本書介紹的做法將它轉化為有形的存在。

PART

4

把顯化的祕密法則帶進生活

23 情緒的力量

那麼，情緒呢？畢竟，每一個渴望、行動、擁有或存在，都是因為你相信它會為你帶來某種感覺。你認為自己想要擁有「它」：一份偉大的工作、一名情人或一趟旅行。然而，你真正想要的是，當你擁有那些事物時所產生的感覺：成功了、有目標、被愛、被尊重、興奮、好奇、魅力四射。去感受那種情感狀態，你的顯化可能會如你所願，或者是完全出乎意料之外。無論哪種方式，你都會感受到你一直想要的感覺。

身為自由工作者的一個好處是，工作時我可以深入了解來自各種文化、背景和地位的人。當我在協助那些擁有美麗、成功、完美家庭，而且沒有經濟問題的人時，我發現他們仍然感到痛苦。他們和那些在生活上擁有不多的人一樣焦慮、沒安全感和不快樂。如果他們感覺不到美好的事物，那又有什麼用呢？

從廣告商到政客，每個人都知道，大多數人做決定是根據感覺而不是邏輯。如果你問個路人甲，為什麼上次總統大選會選擇投給某位候選人，他們可能會說：「我就是喜歡他們啊，他們會跟我說話，而且我相信他們說的話。」大多數人的選擇是基於情感，這就是為什麼廣告試圖用恐懼、愛或刺激感來激勵你。我們不是逃避可怕的事物，就是受到美好事物的吸引，用恐懼來操縱人要容易得多。

如果你想要像個大師般顯化自己想要的事物，理解情緒並處理它，將是這個過程的關鍵部分。那些厭倦了吸引力法則的人，是因為他們的學習中缺少了關於情緒的基本知識。

那麼，負面情緒呢？當今的流行文化對於負面的概念存著大大的誤解——為了成功顯化事物，你必須壓抑、消除所有負面的想法和感受才行。而且，如果你不這麼做，這些「負面大壞蛋」會吸引糟糕的經驗上門；這種錯誤的認知在靈性族群中引起極大的恐懼和壓抑。事實並非如此。我會這麼說，是因為我自己就曾經使用過這個方式多年，而且效果不張。我越是否認不舒服的感受，就覺得越糟糕，而感覺越糟糕，我彰顯的事物也就越少。有一種更好、更全面、更紮實的方式來尊重你的情緒，同時

恐懼並不能阻止死亡。它阻止了生命。

——納吉布·馬哈福茲／諾貝爾文學獎得主

仍然能夠創造你想要的東西。讓我在此說清楚：被壓抑的負面思想和情緒並沒有消失。你現在可能沒有想到或感受到它們，但是，它們依然存在於你的能量場中。

首先，如果你經歷著人類的生活，本來就會有負面的想法和感受。大聲說出來，或者不說，假裝不存在，這些都可行。無論你是否跟這些負面情緒、想法對話，它們背後的能量都存在，你的能量比你所說、所做的任何事情都要來得響亮，這會很真實地呈現出來。試圖不產生負面的想法和感受是非常瘋狂的一件事，然後我們對自己產生的負面想法和感受又再產生負面的想法和感受！唯有接受並處理這些想法和感受，你的正面積極的部分才會成倍數增長。

如果你對某位家庭成員會無來由地抱有負面情緒，其實，這股能量是出自你的內在。也許，他們是在提醒你和父母親那段頗具挑戰的關係；或者是，他們的行為違背了你某個堅定的信念。「啊，史蒂芬妮只會想到自己，她從來沒在聽我說話。」如果你處理了那些負面情緒背後的原因，你對這位家庭成員的反應就會產生變化，而且通常都是很戲劇性的轉變。因此，與其你在這個人身邊時假裝感覺良好，不如實際上是真的能夠感到平靜美好。想像一下，如果遇到每個情緒觸發點時你都能這麼做，這才是真正的自由啊！你會了解到自己不需要住在山洞裡，才能避免自己的情緒被觸發。

其次，「為你的生活負責」以及「為生活的經歷責備自己」，這兩者之間，隔著一條非常微妙的界限。我相信我們創造了自己的現實，也相信我們需要對自己的生活負責，我也知道顯化創造的過程會受到祖先、文化、環境，以及其他因素等的影響。感謝老天爺讓我們有能力去轉化那些阻礙我們喜悅的事物，然而，如果我們老是為了生活中各種不如意的事責備自己，那麼，我們就不會那麼有精力去轉化了。

想法相較之下更容易管理。思想是乾淨的，你能聽見它們，可以把它們寫下來，然後用正向肯定語來扭轉它們。我都會把「想法」擬人化，想像它是穿著正式套裝的男人——簡約、有秩序、公事公辦。另一方面，情緒是混亂的，情緒真的會害我們傷心。避免痛苦是人類的天性，我們已經歷這種迴避好幾個世紀了。你認為你的曾曾曾祖父母會有能力解決他們的感受嗎？他們可能光是忙著生存就來不及了，而現在的我們甚至擁有一套靈性系統，可以幫助自己迴避情緒問題。在我想像中，情緒是個熱情、狂野、一頭紅髮的女人，她正在某個正式活動中搗亂，但是無人能抵擋她，所以最好讓她進來並聆聽她要說什麼。

大多數人進行顯化時的思考模式會是：我會得到自己想要的，然後我就會很開心。其實，應該是反過來才對。你快樂了，然後你想要的事物就會降臨。釋放壓力和處理痛苦將成為你幸福處方的一部分，無需等待。

情緒小知識

1. 情緒不在你的頭腦裡：那些帶著壓力在解說自己為什麼會產生某種感受的低語，存在於你的意識中；然而，這並不是情緒真正的所在位置，情緒存在於你的能量場中，它囊括了整個身體。情緒可能停留在你糾結的胃部，或停留在你背部上下流動的電流中。
2. 說服自己擺脫一種感受不總是能夠奏效：有時候，想法可以抵消情緒，但不總是奏效。如果想法試圖以任何方式否定或批判這種情緒體驗，實際上這只會加劇那種感受罷了。例如：你的同事偷了你的點子，你感到被背叛和憤怒。如果你開始想：「他不是故意的，我可能反應過度了。」這就是在否認自己的感受。兩周後，你可能發現自己一拳打爛他的生日蛋糕。哎呀，情緒感受並沒有消失啊！它們是伺機而動，就等一個虛弱且毫無防備的時刻竄出。
3. 在成長過程中，你可能從未學會有效地處理情緒，但是現在的你有這能力了；這是一項必不可少的生活技能。我們很幸運現在能夠完成這些過程。放下對父母／監護人／老師的任何責備吧！沒有人能夠教你連他們自己都不知道的東西啊。畢竟，我們對情緒的了解，大部分也都是最近才出現的訊息。

4. 情緒是不合邏輯的。一旦你認識到這一點，你就能接受情緒，而不會試圖與它們爭論。

5. 情緒就是訊息。他們是在傳達你是如何地在解釋這個世界，以及其中的一切。因此，請聆聽它。

6. 壓抑最終會比去感受情緒更為傷人：任何因壓抑或否認不舒服的感受所獲得暫時的緩解，都將是短暫的。那些感受仍然存在於你的能量場和身體組織中，它們會導致許多其他身體部位和情緒的問題。能夠現在就去處理它們，不是更好嗎？

7. 所有的情緒都是光譜的一部分：當你壓抑自己的憤怒、焦慮和悲傷時，就很難感受到你渴望的正向情緒——比如快樂、幸福和愛。

以下是如何開始定期練習我所謂的情緒鍊金術：

顯化步驟小練習

情緒鍊金術

1. 從現在的處境開始：你一整天都有機會經歷情緒的高潮和低谷。如果你在觸發事件結束後繼續思考它，你就會知道是否需要處理這種感受。

例如：你在藥店裡走向收銀員時，禮貌地向他們打招呼，但是收銀員看都沒看你一眼，或者是完全沒回應，你覺得很生氣。

如果那天晚上深夜、第二天早上或一周後，你還會向朋友抱怨，你還在想那件事，那麼，這就需要處理了。它可能涉及更深層次的東西，或者是這個事件本身就是需要被釋放。但是，如果你離開商店後就沒有再想過這件事，則無需深入探討。

開始規律地練習消除這些負面的情緒感受；一周一次會是個好的開始。

2. 日記：我一次又一次地推薦「日記」這項工具，正是因為它非常有效。日記是可以在不傷害任何人的情況下，安全釋放情緒的地方。拿起筆，就可以在紙上振筆疾書，寫到你把自己的情緒清空為止。不要去審視或分析所寫的內容，就只是把情緒像反芻一樣的吐到紙面上即可，你可以隨心所欲地刻薄、復仇和惡毒，就是繼續寫，直到你覺得清空為止。對於有些人來說，用聲音表達的效果會更好。你可以用語音備忘錄的App或其他電子錄音軟體，撕開情緒、抱怨、大喊、尖叫、威脅……持續宣泄，直到你感到情緒容器清空觸底為止，這麼做才能處理情緒。如果你感覺好些了，就可以知道情緒已經被處理了。如果你沒有覺得比較好，那麼就……

3. 更進一步地處理情緒。你可以透過多種方式來做到這一點，本書中提到了許多方式。在這裡，我們還有：

   a. 感受這個情緒：當你想到這個令人不安的話題時，感受一下你的身體產生了什麼樣的感覺。停下來，沉浸在當下的這些感覺中，然後吸氣時把氣導向那些保留情緒的區域，讓情緒能量得以轉化。

   b. 火祭：把情緒呼進可燃物中，像是：乾燥的葉子、藥草（如：鼠尾草）或樹枝，並帶著意念將其燃燒，讓情緒釋放。

   c. 淋浴淨化：想像淋浴的水是金黃色的光，看著它把你的情緒從身體帶走，並流進排水管。

4. 變得積極正向起來：這項極為重要，當你清除完積累的情緒能量後，要用正向積極的言語或行為來裝填你創造的這個（已清除）空間。你可以盡可能地使用本書所述的想法和練習，來激發美好的想法和感受。現在你已經消除了痛苦並創造了空間，你的正向宣言、觀想、假裝和其他練習可以就此生根、成長和顯化，有時候顯化的速度會迅速到大大地震撼你的世界。

24 處理懷疑與釋放阻力

為成功做好準備，意味著也要為陷阱做好準備。自我和他人的懷疑，則是過程中的自然成分。

你已經選擇停止被動地接受你所知的生活。你站起身說：「我想要更多，而且我可以選擇創造它。」這是一個大膽的決定，也是一個不尋常的決定，我們在社交圈、媒體和流行文化中也不常收到相關回應。你的手腳興奮地顫抖著，並在人跡罕至的道路上溜著滑板，懷疑的聲浪就在不遠之處。即使是最樂觀、最熱情的顯化大師，也會在旅途中遇到諸多質疑。

很多人會說：「別理那些懷疑的聲浪，只要專注在自己的目標即可。」這些話對

人們很難放開痛苦。出於對未知的恐懼，他們偏好自己熟悉的痛苦。

——一行禪師

我來說通常是效果不佳。當我運用這個方法時，如果顯化真會發生的話，也會需要很長一段時間。我可以感受到內在的拉鋸戰，一部分的我不相信它會發生，另一部分的我則是非常想相信它會發生；那場內在戰爭的能量是顯化發生的障礙。否認一個需要被聽見的內在之聲，似乎只會讓它變得更為強大。當我學會歡迎內在的懷疑者並與它合作時，它就成了我的盟友而不再是負擔。

這些是在顯化的道路上常見的疑慮：

1. 「這不可能發生在我身上。」
2. 「我還沒準備好。」
3. 「宇宙／生命與我作對。」
4. 「萬一沒用呢？」
5. 「那不可能／太難了／不太可能發生。」
6. 「我不知道如何創造這個。」「我不知道這怎麼可能獲得成效。」
7. 「我家裡（或我認識的人）當中，從來沒有人（成功過、賺過六位數的薪水、有過健康的關係等等）。」

對於這些疑慮，我的建議如下：

1.「這不可能發生在我身上。」你現在都沒擁有你想要的事物，所以未來也不可能發生；有段時間，你在念小學，但是，現在結束了；有時候你處於單身，有時候不是；有時你賺的錢少，有時賺的比較多。改變一直都在發生，讓這些變化成為正向積極的改變吧。

2.「我還沒準備好。」把你的準備交給宇宙。我所見識到的顯化會花上好幾年的時間才成型，是因為當時的我，還不是那位能夠管理顯化事物的女性。一旦我成為那個人，顯化就為我完美地開展了。一旦我真正擅長管理我的財務，「很神奇地」我就會有更多的金錢可以管理。你專注於顯化的創造，把時間交付給更高層意識的手中，並肯定地說道：「這一切都按照神性的時間展開。」符合我喜好的事物都發生得不夠迅速，這是我生來就帶有的特質。然而，即使懂這道理了，我怎麼可能與神性的時間爭論呢？我希望你能思考一下，其實你比自己想像中的要準備得周全，不然，你怎麼會在閱讀這本書呢？不要等待，現在就是時機點。這道理一直都如此啊！

3.「宇宙／生命和我作對。」找出那些可能與之對抗的生活方式——不斷抱怨、專注在出錯的事物上、不為自己的生活承擔個人責任（因為你不知道如何承擔）、把快樂源泉交給他人、等待別人的許可或認可，以上這些都是我們與生命作對的方式。

那些讓我們遠離美好事物的主要習慣是什麼？自我批評、自責、感到羞愧？你是宇宙心愛的孩子，祂愛你的一切。當你譴責自己這個美麗的創造物時，你就違背了存在的節奏。培養自愛，生命會服務你。

4. 「萬一沒用呢？」這種懷疑是為了保護你免於失望，但問題是：如果你還在呼吸，你怎麼知道顯化沒有起作用呢？它只是還沒奏效罷了！也許它只是沒有依照你所期望的形式出現，但是宇宙有無限量的資源可供使用。一次又一次，就在我認為沒有其他辦法的時候，辦法就出現了，而且總是比我計畫的還要更好。當這種懷疑蔓延時，請務必使用這句話：「這還沒有奏效。我對顯化的完美開展保持敞開的態度。」

5. 「這不可能／太難／太不可能發生。」如果這是你最常出現的懷疑，那麼你就是現實查核員——總是在可能性與實際情況之間進行比較，你也是統計檢查員和事實收集者。「去年六十歲以上女性的失業率上升了百分之二十九，因此我沒辦法找到一份好工作。」一位擁有社會學學位，並且碰巧也喜歡統計的人，向我分享了這則訊息。統計並沒有多大意義，首先，它們基於不完整的樣本，除非這個國家或地球上的每個人都被調查過，否則他們是根據有限的數據在做有根據的猜測。我們不是最近在所有類型的政治民調中，看到了數據與我們之間遙遠的距離嗎？我想說的是，那又怎樣呢？那麼，如果失業率在你的圖表中上升了怎麼辦？這並不表示你無法找到或創造一份令你滿意的工作啊！

6. 「我不知道如何創造這個。」「我不知道這怎麼可能獲得成效。」就像時機一樣，顯化會如何發生不是你我能決定的，它也遠遠地超出了你的工資等級。你永遠無法鳥瞰所有運作顯化的零件，以及這些零件與周圍其他零件之間的關係。這對我們所有人來說其實是個好消息，如果我們真的知道，我們的人性可能會被永無休止的議程給搞砸。你可以先承認：「我不明白這會怎麼發生。」然後接著說：「我不需要知道。我把它全然地交給無所不知、無所不能的宇宙，讓它現在就讓顯化完美地成形。」

7. 「我的家人（或我認識的人）當中，從來沒有人（成功過、賺過六位數的薪資、有過健康的關係等）。」也許你認識的人沒有，但某個角落的某個人肯定有啊！讓自己沉浸在那些創造了你想要的事物的人的真實故事中，了解他們並學習他們的成功，這樣能讓意識和潛意識知道顯化是有可能的。另外，想想你做過或經歷過，但其他你認識的人卻沒做過或經歷過的事。也許你是家裡第一個大學畢業的，或是第一個出國旅行的人。如果你都能那麼做了，你一定能顯化自己想要的事物。

顯化的反思日記：關於懷疑

1. 仔細地想像你的顯化：如果沒有意識到疑慮出現，請讓宇宙展示給你知道。寫下來，包括以上任何讓你覺得引起共鳴的內容。
2. 一次一個地，探索它們，並在紙上將所有「支持它們成立的證據」清空。
3. 更深層的探索：不斷地查詢、詢問：「這不可能發生，因為……」並將所有可能的答案填上。範例：

這不可能發生，因為……我大學沒畢業。
我不是學者。
沒有任何事情有效。
我太老／太累／太胖／太愚蠢／太懶惰等等。
我被詛咒了。
請清除掉所有「原因」。

4. 請挑第三百零三～三百一十四頁上的任一個練習執行。

抗拒

懷疑和抗拒的區別在於懷疑是有意識的，你會在腦海中聽到疑慮的聲響，疑慮也會透過你生活周遭的人，反映給你知道，而且你也確切地知道那些疑慮是什麼。至於我們與抗拒之間的關係，我要很誠實地說：「那有點複雜。」

抗拒通常是無意識的，它會偽裝成藉口、拖延和不健康的習慣出現。但潛伏在這些能量電擊器之下的，是一種對改變所產生的強烈抵制。正向變化的可能性，能夠讓抗拒很快地浮出水面。將抵抗的暗黑模式暴露在陽光和覺知的空氣中，有助於它的枯竭。

我的客戶薇拉莉夢想成為一名電影編劇，她在高中時就寫了兩部劇本。主修文學的她，大學畢業後找到了一份出版社的工作，生活中經常閱讀他人的作品。通常，她腦子裡會有個聲音告訴她，你早就可以寫類似的作品了，你的作品會更好。電影以其可預測的情節和陳腐的對話讓她感到沮喪，然而，寫作會是她發光的領域，她很肯定這點。因此，她決定每天晚飯後寫作一小時，但她發現自己太累了，也沒有靈感。不然，那就每天提早一個小時起床寫作，然而，這個善意的解決方案持續了整整四天後，她突然間開始熬夜，而且變得比平時看電影看到凌晨兩點還要晚，她就是無法放下遙控器。

她的晨間計畫失敗了，也幾乎無法準時上班，更別說是寫作了。薇拉莉遇到了阻力，她不知道該怎麼辦。

我教薇拉莉使用一種叫做輕敲穴點的舒壓技巧，以克服她的抗拒（有關說明，請參見第三百零三頁）。真正的原因開始浮現了：「我工作很努力，晚上想只看電影，這是我唯一的放鬆活動。難道我不該享受自己真正喜歡的東西嗎？」但是，當我們繼續往內挖掘時，出現的是她對失敗的恐懼。在這一點上，她曾經花了很多年的時間告訴自己，自己比那些出版社接洽的作者要好得多，然而要是她的想法一直是錯的，該怎麼辦呢？

就在我們輕敲穴點時，我問她：「如果失敗了，最糟糕的情況會是什麼？」她列出一長串可怕但極不可能的發展，從「我所有的朋友都會離開我」到「我將一無所有」，隨著我們繼續往內挖掘，更多可能的場景也一一出現：「這一切都是我的錯。我有這個天分，但是我忽略它了。」「我真是個自大狂！我憑什麼去評判任何一位與我一起工作的作家呢？」一旦我們消除了這些想法，薇拉莉就能夠原諒自己了。她意識到她的嫉妒是一種痛苦的禮物，因為嫉妒告訴她說：「你有天賦，但是別想相信你能在這方面取得成功。」這就是嫉妒會對我們所有人說的話，「我想要那個，但我不相信自己能得到它，所以我對那位已經成功辦到的人很苛刻。」

問題是，嫉妒會讓我們感到非常痛苦，我們也常常就這麼樣地回絕了自己的天賦。能夠消除對擁有自己想要的事物的能力的疑慮，嫉妒就會消失了。通常，你嫉妒的那些人可能是個指標，他們是一個活生生的例子，暗指向你的生命藍圖、給你提示，或者，只是希望在你的生命旅程中拉你一把。

阻礙顯化的剋星：輕敲穴點

輕敲穴點是用手指有節奏地敲擊經絡穴點的方法。這個理論是，懷疑和恐懼是我們能量場中真實的障礙物。一旦這些障礙被排除，懷疑就會消失，恐懼也會消失。輕

疼痛是一種相對客觀的物理現象；痛苦的產生，是因為我們對發生的事情產生心理抗拒。事件可能會造成身體上的痛苦，但事件本身並沒有創造痛苦，是你的抗拒造成了痛苦。當你的思想抗拒現實時，壓力就會產生。你生活中唯一的問題是，你的想法對生命的開展所產生的抗拒。

——丹・米爾曼（Dan Millman）／自我成長作家

敲穴點會釋放那些阻礙，它也是通往潛意識的橋梁，因此非常適合顯露破壞性行為背後隱藏的原因。就像薇拉莉的例子一樣，對於任何未知的事情，我都會從這裡開始。

使用的經絡穴點

眼睛下方：用雙手，分別在雙眼下方輕敲臉部顴骨的位置。

鎖骨：用雙手，分別輕敲鎖骨下方。

胸腺：用雙手，像森林之王泰山捶胸的方式，輕拍胸腔中央堅硬的胸骨（約在兩乳的中間點）。

操作流程

1. 用指尖開始輕敲眼睛下方、鎖骨穴點和胸腺，依據自己適合的時間間隔來回交替輕敲。
2. 把懷疑放在心裡，從一到十評評看自己相信它的程度有多高。一是指幾乎不可信，十是百分之百真實。

3. 當你開始輕敲這些穴點時，進入負面思緒並描述此懷疑為何、產生懷疑的所有原因，以及為什麼你覺得顯化永遠不會發生。
4. 繼續輕敲直到信念感覺中立，或懷疑對你來說不再成立。
5. 創立與懷疑相關的正向想法或肯定語，並在輕敲時一併敲進體內。（有關建議，請參閱〈顯化的祕密練習一：正向宣言與腳本〉以及本書所使用的其他正向宣言。）

阻礙顯化的剋星：簡要的能量修正

這是我從我的同事，一位著名的心理學家和能量心理學先驅羅賓·比拉扎里安（Robin Bilazarian）那裡學到的技巧，稱為「短暫的能量修正」，可以迅速降低幾乎所有事物的情緒強度，包括懷疑和抗拒。

使用的經絡穴點

肚臍周圍的穴點。將手平放在腹部，肚臍位於手掌中心下方，這隻手保持不動，而另一隻手則用於做以下輕敲動作：

鎖骨下方

鼻子下方和上脣上方

下巴

尾椎骨

操作流程

1. 想一個你的疑慮，或抗拒的行為後，與身體連結。當你專注於此疑慮（或抗拒的行為）時，產生什麼樣的感覺？掃描身體是否有什麼部位不舒服。
2. 用一到十級對此不適感進行評分。
3. 將非慣用手放在腹部不動，另一隻手則觸摸並放在其他部位。
4. 把慣用手放在上胸部、鎖骨上方、頸部下方。
5. 用鼻子深吸一口氣，再從嘴巴吐出。
6. 將慣用手的手指放在鼻子下方並閉氣。
7. 用鼻子深吸一口氣，再從嘴巴吐出。

8. 將慣用手的手指放在下巴上並閉氣。
9. 用鼻子深吸一口氣，再從嘴巴吐出。
10. 將慣用手放在背部，放在脊椎底部的尾椎骨上。
11. 用鼻子深吸一口氣，再從嘴巴吐出。
12. 將慣用手放回鎖骨。
13. 重複此過程四到十個循環，直到（懷疑或抗拒的）強度大大降低。
14. 將雙手交疊在胸部中央，深吸一口氣，肯定地說：「擁有和擁有更多是安全的。」

阻礙顯化的剋星：砸碎抗拒的雞蛋

根據我幾十年前學過的一個氣功功法，這個簡化版的功法在外人看來可能很可笑，但它確實有效。釋放後的自由感大大減輕了舊有的情緒包袱。

1. 買一打雞蛋，如果你真的很痛苦的話，就多買些。請特別為此儀式購買這些雞蛋，而不是隨便從自家的食材中拿幾顆出來。
2. 在大自然中尋找一處私密的環境。如果你的住所附近有松樹，請選擇那些樹；不然的話，選任何樹木都可以。

3. 取出一顆雞蛋，拿在手裡。
4. 想出一個你的疑慮，或抗拒的習慣後，接觸它的能量。
5. 把雞蛋靠近你的臉，想像你正把懷疑和所有痛苦的能量都吹進去。
6. 讓懷疑或抗拒釋放出來，接著把手臂向後舉，並把雞蛋扔到樹上砸碎。（如果你瞄不準，站近一點。）
7. 感受隨之而來的解脫。
8. 正向肯定語：「這已經完成了。一切都結束了。這消失了。我自由了！」

當我第一次嘗試往大樹砸蛋儀式時，是在深夜時分，一個沒有人的小公園。我在公園的外圍發現了適合的樹木，且郊區房屋環繞。我開始安靜地做這個練習，我向你保證成效真的很安靜。街道對面房屋外的燈亮了，沒多久，就看到遠處一輛警車逼近，我猛地雙手一伸、雙腳一躍，跳進了充滿荊棘的灌木叢中。警察在那屋前停了下來，屋主出來說有「青少年」在進行「可疑的惡作劇」。（請注意，我當時三十四歲，而且是獨自行動。）警察在此區巡邏了二十分鐘，當他們離開時，我爬了出來，渾身是泥，覺得自己實在很丟臉。在靈性道路上確實也是會遇上些擦傷的，對吧。直到今天，我都不知道自己當時為什麼不坦白。但是，你能想像對話內容會是什麼嗎？

「哎呀，各位警官，我所作所為是源自古老的氣功功法，目的是要去除人們根深柢固的疑慮。但是我太窮了，把最後剩下的兩美金花在這些雞蛋上，以便顯化出更多的金錢。因此，我把自己的疑慮吹進這些雞蛋裡，然後找棵樹朝它們扔過去……」老實說，我穿著一身黑，拎著生雞蛋，還滔滔不絕地講這個故事，應該會被抓去關吧。

這個故事是在提醒你，注意並謹慎選擇與誰分享顯化旅程的好時機。酸民心態者絕對不是說出自己的熱情和宏偉計畫的安全對象，而且我認為執法部門也不太可能是思想觀念敞開的來源。為了省去不必要的麻煩，請為所有的戶外儀式找個隱祕的地方吧。

阻礙顯化的剋星：粉碎疑慮

這是一個類似於砸雞蛋的練習，但是用玻璃代替。請為自己準備一副安全的護目鏡。

1. 找個即使打破你也不會心疼的玻璃瓶：綠色的玻璃特別適合釋放令人沮喪的疑慮，因此礦泉水或啤酒瓶都是理想的選擇，你只要去除瓶上標籤即可。如果你正好是要打破長期以來的家庭疑慮，那麼阿嬤那醜陋的老水瓶可能會是個理想的祭品。如果你早就離婚了，但是還在使用結婚時買的盤子嗎？再見舊盤子，是時候粉碎它們了。

2. 找個理想的環境：我不建議你將碎玻璃遺留在大自然中，或任何可能傷及他人的地方。也許找間廢棄工廠？或者是不再使用的火車停放場？這些地方就行的通。如果真的找不到合適地點，那麼請在家中進行。你也可以用金屬類的垃圾桶，同時兼作回收容器，也為你省了一個收拾殘局的步驟。

3. 選擇你要用的容器。想出一個懷疑或一種抗拒的習慣，並與它的能量產生連結。

4. 對著它吹氣，或是把懷疑或抗拒的習慣大聲喊進容器裡。

5. 現在有趣的部分來了。把它砸成碎片，你可以丟它，用鐵錘或石頭把它砸碎。就讓它碎裂吧。

6. 感受隨之而來的解脫。

7. 正向肯定語：「這已經完成了。一切都結束了。它消逝了。我自由了。」如果要清理碎片，請務必戴上手套進行，以策安全。

阻礙顯化的剋星：在灰燼上跳舞

燃燒祈禱文、重擔和神聖請求的相關儀式，已經有數千年的歷史，因為古人相信煙霧能將這些訊息帶到天堂。對我來說，天堂在於我之上，在我之下，在我周圍，也在我的內在裡。火是轉化的一種元素，它可以讓內在的負擔消散，並為新事物創造空間。

1. 找一個防火的容器，可以是個大的厚底不鏽鋼鍋，或是帶蓋的鑄鐵鍋。
2. 如果你在公寓裡，在爐子上施作時，記得打開排煙機，或是在大自然裡找個私密的地方。請避開火災警報器和高架灑水器。
3. 在一張小紙條上寫下一個疑慮和支持它的訊息。其他的疑慮也如法泡製（一張紙條就只寫一個疑慮）。
4. 每拿一張紙條，就做一個小小的釋放祈禱。內容像是：「宇宙，我已經準備好放手並獲得自由。」
5. 點燃紙條後，迅速將它丟入防火容器中。
6. 對每張紙條重複以上做法。
7. 將灰燼撒在地上，播放一些振奮人心的音樂，並在灰燼上一邊跳舞，一邊將灰燼在地面上踩碎。

8. 正向肯定語：「我把這些灰燼和其他剩餘的殘留物還給你，親愛的宇宙。我自由了。」

請注意，以上所有練習，我都以正向肯定語做結束。這裡所介紹的只是個建議，我鼓勵你創造和使用自己的方法。具體來說，你剛剛釋出的信念或抗拒行為的正向思維、言語是什麼呢？

以下是針對顯化時常見的疑慮所做的肯定語補充：

1. 「這不可能發生在我身上。」

「一切都按照我的方式進行。」

「我值得美好生活所帶來的一切。」

2. 「我還沒準備好。」

「我已經準備好擁抱自己在生命中真正的角色。」

「我已準備好迎接正向的變化。」

3. 「宇宙／生命跟我作對。」

「宇宙正隨我的心意在策畫對我有利的事物。」

「宇宙愛我。」

4.「萬一沒用呢？」

「我對於那些為我完美呈現的一切敞開。」

「顯化若對他人能有成效，對我也同樣如此。」

5.「那不可能／太難了／不太可能發生。」

「宇宙無所不知，無所不能，祂現在正在為我創造這一切。」

「一切皆有可能。」

如果你對聖經有共鳴，可以使用裡面的一句話：**「在上帝，凡事都有可能。」**

6.「我不知道如何創造這個。」「我不知道這怎麼可能獲得成效。」

「我需要知道的一切，我都知道。我需要做的一切，我都輕鬆愉快地去做。」

「我把如何顯化的部分交給了宇宙。因為它確切地知道該怎麼進行。」

「我全然地放手，並相信它現在正完美地進行著。」

7.「我家裡（或我認識的人）當中，從來沒有人（成功過、賺過六位數的薪水、有過健康的關係等等）。」

「成為我家族中第一個創造這個的人是安全且美好的。」（使用自己特定的目標）

「我的祖先血脈建立在許多第一次之上，我正在遵循這一個傳統。」

「我研究了這個讓顯化成功的人的實際案例。他們成功了，我現在也在這麼做。」

「如果任何人都有可能（例如：賺取六位數的薪資），那麼，對我來說這也絕對有可能。」

顯化補給站

五種常見的退縮行為（而且你可能沒有意識到）

1. 消極地自言自語：單就這方面做出改變，就能在你的生活的每個領域中創造正向積極性。
2. 雜亂：雜亂是一種被困住的能量。清除它，新的機會（和金錢）就會進來。
3. 吝嗇：經常給小費而且還多給，或者拿起信用卡，買個更好的禮物，而且全心全意地贈送出去。

4.責備和羞愧：停止在推特（Twitter）上搜索那些令群眾憤慨的流行推文。你無法改變任何人的想法，相信我。請注意尋找那些積極地讓世界變得更美好的人。

5.不原諒：原諒不是寬恕。這是讓自己不再受他人行為的擺佈。請現在就拿回自己的力量。

不作為，滋生懷疑和恐懼。行動，孕育出信心和勇氣。如果你想戰勝恐懼，不要坐在家裡思考。出去忙吧！

——戴爾・卡內基（Dale Carnegie）／美國成功學之父

25 相反的吸引：不安地等待下一步的發展

事情沒有按照你所想的發生。

你一直在觀想帳戶裡有成捆的現金；結果你家排水管出現嚴重漏洞，維修費用高達八千美元。

從婚禮到完美的餐巾紙，你已經把夢想中的婚禮元素都貼在願景板上了；結果你被退婚了。

你列出了自己想要的完美職業中的每一個特質，你也虔誠地一再閱讀；結果你被解雇了。

「事情怎麼越來越糟糕，這不應該發生的呀！」它當然可能發生。雖然不總是如此，但它確實可能發生。你沒有做錯任何事，事實上，這的確表示你正在進行非常有效的顯化。

「你怎麼可以這樣說呢？這完全不是我想要的啊！」我會這麼說是出自於經驗，而經驗正是我那親愛的有意識的共創者。你正在撥弄你的能量，它與你現有的模式背道而馳。

它正為你敞開大門以便接收更多，有時候崩塌瓦解才能為新事物創造空間。我們的生活、財務、工作和人際關係可能建立在不穩固的基礎上，它們也可能建立在不值得的基礎上，或者建立在相信「我不值得擁有我想要的」、「沒有什麼對我有用」等的基礎上。地基上的這些裂縫要麼需要修復，要麼打掉重練，換成一個全新的平台。變化可以很快！地基在你身下崩塌了，而且你不知道出了什麼問題。以下是應對的方法：

1. 承認並處理此感受：參見第二十三章和二十四章，〈情緒的力量〉和〈處理懷疑與釋放阻力〉。
2. 開始接受現狀：水管還是要修的，婚禮「當天的日期」從行事曆上劃掉了。首先獲得宇宙的支持，然後呼請朋友和家人的支持，並開始採取行動。我提供幾個有用的祈禱文：

箭只能透過向後拉才能射出。因此，當生活用困難把你拖回原處時，這意味著它將讓你進入偉大的事物。所以，你只需保持專注，繼續瞄準即可。

——保羅．科賀爾／暢銷書《牧羊少年奇幻之旅》作者

「偉大的宇宙，我感到好失落。我現在需要幫助！」

「我不知道為什麼會這樣，親愛的宇宙，我把一切全然地交託給你。請給我指導和支持。」

「宇宙，請指引我走向果斷與和平。我需要你。」

3. 請記住：黎明前是最黑暗的。通常，在「相反吸引」的另一邊是量子級的大躍進。請支持下去！

4. 大聲拒絕：與無意識的拒絕不同，這是一種大聲的拒絕，因為你正在接觸你的內在權威。

「我不受此限制。這種情況對我沒有影響力，我現在以真正的繁榮和真正的支持者佔據了我真正的位置。」

「沒有什麼能限制我的美好！不，甚至不只這個！我放手並相信我現在需要和渴望的一切都是我的。」

「我完全釋放了這種情況。我放下它。憑著信心，我知道美好的事物正完美地為我顯化。」

5. 回到你的顯化過程，並聚焦專注。繼續你正在做的事情或切換到另一個過程，並記住相同的成果。當你的思緒因當前情況而分心時，請將它重新集中在你想要的事物上。

6. 請持續！堅持，是關鍵。正如我所提到的，「相反的吸引」是個好兆頭。請持續前行。別在顯化即將到來的前一分鐘放棄了。

26 如果（還）沒有成效怎麼辦

無論你實行了哪些方法，都不要放棄。除此之外，任何事都有助於維持前進的動力，而顯化的創造過程就只是一個過程。我比其他任何人都希望這個創造過程會是呈線性發展，可預測且簡單快速，只是它的發展從來就不是這樣。你認為自己得到了直覺的洞察力，但到頭來卻是條死胡同，例如得到夢寐以求的職位，卻有一位要求嚴苛的新老闆。你回到練習中，並予以精緻化、調整，隨著事物的進展，你對自己想要顯化的事物也會變得越來越清晰。一定都會有事情讓你做的。

與其將顯化視為單一實驗所要達成的目標，不如將它視為一種新的生活方式，讓你的生活成為你的藝術作品，反正都是你在創造。有意識地去執行，會更令人滿意。

後面這些是幫助你克服障礙的練習。

顯化的反思日記：「我必須成為什麼？」

想想你正在顯化的事物。

1. **顯化成功的人擁有什麼樣的特質呢？創造包含這些特質的正向肯定語。**

「我對自己和能力充滿信心。」

「我很聰明，而且擁有有價值的想法。」

「我很幸運。一切都按照我的方式進行。」

「我很討人喜歡，也吸引了合適的人協助，推動我前進。」

「我很有勇敢，也很堅強。」

2. **擁有這些特質的人會有什麼樣的習慣呢？創造包含這些習慣的正向肯定語。**

「我會早起，興奮地專注在我的目標上。」

「我相信我自己，也相信我有能力創造自己想要的事物。」

「專注在我的目標上是輕而易舉地。」

「我會為我的夢想空出時間。」

3. **用行為假裝：開始體現以上那些品質和習慣。當你遇到一個熟悉的挑戰時，**

不要用正常的模式來反應，停下來問問自己：

「富有的人會做出什麼樣的回應呢？」

「知道自己的美和價值的人，會做出什麼樣的回應呢？」

其餘請參見〈顯化的祕密練習六：「假裝」，弄假直到成真〉。

放鬆你的控制

有時我們過於緊抓自己的夢想，我們越是試著控制，越想要它成功，顯化的效果就會越少。這通常發生在「重要大事」上，那些我們最想要的事物；而渴望會變得難以忍受。

渴望實際上是兩種情緒合二為一。一種是純粹的欲望，這感覺起來誘人且光彩。你是否曾在出席浪漫約會之前就已經沉浸在欲望中的經驗呢？那種感覺令人陶醉，然而，如果你的情人沒有出現，那麼「無法擁有」這種欲望的感覺會非常糟糕。將「無法擁有」與欲望本身區分開來很重要。當你處在沒有痛苦的純粹欲望中時，你的欲望就可以在你的現實中實現。

- 消除：「我無法擁有它，因為……」運用前面所提到的輕敲穴點法邊輕敲邊大聲說：「我不能擁有這個，因為＿＿＿＿＿＿。」從你認為不可能發生的第一個原因開始，如果有情緒浮現，請繼續輕敲直到此情緒消除為止。然後回到你的短句：「我不能擁有這個，因為＿＿＿＿＿。」用下一個原因填空，並繼續進行以上步驟，直到你解決了這些比較顯著的問題，而且一些意想不到的「證據」開始出現為止。

在繼續前往下一個原因之前，一定要反覆地用輕敲穴點的方法輕敲那些帶有情緒的原因，直到那些情緒消除了為止。記住，情緒是不合邏輯的，你可能會發現自己在說類似的話：「我不能擁有這個，因為我是個壞女孩。」你也許會思忖「那是什麼意思?!」那些只是你內建的舊程式罷了，接受並允許任何事物的浮現，然後予以消除。

● 提升可信度的百分比：在你減少了無法擁有顯化事物的原因之後，現在要來提升對你來說擁有顯化事物的百分比。你將使用一個符號與潛意識合作，而不是用你的邏輯能力。

按百分比計算，這個結果對你來說可信度如何？在你的腦海中，觀想一個從零到一百的溫度計。每天閉上雙眼，想像可信度的百分比上升，直到達到百分之百。

- 重新燃起欲望：仔細地想像它，品味它，並為它的到來感到興奮。
- 對結果保持開放：你想要的結果可能太死板了。拋開特定細節，專注於相信顯化為你帶來的感受，專注在生活中以及當下所賦予的美好感受，並參與讓你感覺美好的娛樂活動。
- 交託：我說過「不要放棄」，但無論如何，記得一定要交託給宇宙。如果你覺得自己能做的部分已完成，那麼該是臣服的時候了。請重溫〈顯化的祕密法則七：臣服與操控〉。

顯化補給站

10種破壞成功的方法

1. **拖延：**顯化是流動的。當我們推遲讓目標開花結果所需的行動時，我們就停止了這股流動。
2. **不願尋求幫助：**我們不可能完全靠自己的力量實現夢想。不要讓驕傲阻止你從他人那裡獲得智慧、建議和技能。

3. **做事虎頭蛇尾：**沒有完成的項目意味著停滯、窒息的能量。

4. **吃錯食物：**你可能已經注意到，吃堅果會讓你出現胃痛的症狀，或者吃奶製品會讓你頭疼。如果你發現自己渴望並食用那些會讓自己感覺不舒服的食物，那麼你就是處在破壞的模式。

5. **四處八卦：**傳播壞消息、分享私人訊息，甚至默默地享受他人的不幸，都會妨礙你獲得美好的事物。

6. **消費負面的娛樂項目：**你知道它帶給你的感覺是負面的。如果一首歌、一部電影或電視節目讓你感到無助、害怕或憤怒，尤其是在結束之後產生那些感受，你就是在培養破壞。

7. **與錯誤的人分享太多訊息：**讓別人知道你打算創造什麼，尤其是生活中的那些反對派，很容易讓你感到失望。

8. **浪費時間：**我們有無數的方法可以消磨寶貴的時間，尤其是在我們的手機上。我們每個人每天都有二十四小時，浪費時間會耗盡你的創造力。

9. **放棄：**開始行動後，你遇到了第一個障礙，在顯化發生之前你就放棄了。

10. **忽略你的直覺：**你內心有個提供建議和答案的門戶，但它的回應並不總是合乎邏輯。說服自己擺脫這種內在智慧，後果自負。

27 想辦法解決

到目前為止，你已經讀過這些內容：守則、故事、洞見和練習。很多很多適合你的思想、情緒、身體、靈性和能量等等的練習。透過這種方式，你能夠用任何一個可以想像的角度來顯化自己的夢想。有些人需要的不多，但需要開放的心態和一點時間；其他人則需要更多的鑽研和努力。請不要氣餒，因為，你不僅僅是在學習新的練習，也在學習另一種不同的存在方式。

這裡有些提醒：

1. **從小處著手：**儘管我已經施作顯化很多年了，但我仍然喜歡提醒和強化對自己來說可能的事情。我透過展示停車位、最佳約會時間、完美的音樂會夥伴來做到這一點。我會定期地伸展我的內在顯化肌肉。

2. **一次選擇一個領域著手：**這點請相信我，我曾經固執地試圖以多頭馬車並進的方式，多方面同時施作顯化，結果通常都是相當慘淡。當你第一次學會顯化的方法時，感覺就像是小孩子進到一家糖果店般：「我要這個！我要那個！」當你長時間處於匱乏的狀態時，這是一種自然的副作用；你想要更偉大的生活，卻也放不下過往。但請記住，你永遠無法完成所有工作。這不是要在特定日期前繳交的作業，而是一種新的生活方式。如果你的能量一次集中在一個顯化上，就會在更短的時間內完成更多的事情。

3. **探索你喜歡做的練習和那些讓你害怕的練習**：如果書中的某個練習為你帶來強烈的感覺，無論是正面的還是負面的，就從這些開始。正向積極的練習會很容易，因為你正在回應它們一些已經很有吸引力的東西。但是，那些負面感覺的練習呢？那些你真的真的不想做的練習呢？這些都會激起你對改變的抵抗，然而這就是寶藏所在；所以啦，就從那些開始著手。而那些讓你覺得「蛤？」的，就暫時先忘了吧！它們只是在這個時候跟你沒有產生共鳴。有了這本書，你可以一次又一次地回來複習，那些會讓你覺得「蛤？」的練

你必須先掌握一種新的思考方式之後，才能掌握新的存在方式。

——瑪麗安・威廉姆森（Marianne Williamson）／作家

習，也許之後才會讓你覺得感覺對了。

4. **空出顯化的時間**：在一天中找個適當的時間，或每周中找一天後，將顯化的時間註記在日曆上。當你認真安排個人成長的時間時，就是在向潛意識和宇宙發送一個信號——你是認真的。在這段時間裡，阻止干擾也儘量減少干擾，除非你將智能手機當成顯化過程的一個零件，否則請將它關閉。讓顯化時間成為你引頸期待的愉快體驗，而不是待辦事項清單上的一個項目。你決定成為當初靈魂來到世上所設定的樣子，你正在忘記現狀，並成為一個有意識的創造者。這真是讓人興奮啊。點根蠟燭，並播放柔和、放鬆、靜心的背景音樂，讓這個特地空出來的顯化時間成為你樂於光臨的綠洲。

5. **取得支持**：爭取其他顯化同伴或可信任的夥伴支持。組織一個智囊團或讀書俱樂部，這樣你就可以與其他人分享冒險經歷，並保持動力。組織一個朝著特定目標努力的小組，並透過想法、腦力激盪、信任感和靈性練習而相互支持。

6. **尋找美好的事物**：它一直就在我們的身邊。

7. **讓情緒之旅的練習成為生活的一部分**：你有情緒，當它得到尊重、清除，以及平衡時，就會是你最大的資產。

8. **讓顯化成為日常生活的一部分：**一旦實踐了，其中許多守則就可以融入日常生活裡，找出你會浪費時間的差距，並讓它成為顯化的時間。

我知道你的大愛、豐盛和成功。

我知道你們所有人都在用真實的自我和宇宙，在發展你們從未體驗過且最不可思議的連結，這些連結滋養、引導你並令你感到開心。

我知道你在釋放掙扎，擁抱放鬆。

我知道你正在擺脫自己的舊觀念，更加成為你來到這世上該成為的角色。

我知道你越來越愛你的日常生活，以及生活中的人，包括你自己。沒有什麼比這更甜美的了！

顯化補給站

結束一天的五大步驟

1. 針對任何困擾你的事情，寫幾個簡短的句子，把它們全部圈起來，然後在上面畫線劃掉。
2. 將一隻手放在額頭上，深呼吸，並說：「我放下這一天了。」
3. 想像自己透過胸部中央吸氣和吐氣兩分鐘。寫下你感激的事情，並描述那些能夠喚起溫暖和愛意的閃亮細節。
4. 想像金色的光芒從胸腔散發出來，輕輕地包圍你整個人，並帶來輕盈與平靜的感覺。
5. 祈禱、確認、詢問，並知道你是被傾聽、被了解和被愛的。

結語

今年冬天我見識到了 COVID-19 新冠肺炎的到來，全球各地的生活都發生了翻天覆地的變化，世界各地的人也都共同面臨著痛苦的恐懼，而且損失慘重，大多數人每天都在為如何繼續前行而苦苦掙扎著。有些人則是更加清楚什麼才是對自己最重要的，他們深入內在，花時間更新，更加了解了自己以及最親近的人；他們重新評估自己最真實的價值觀，並利用閒暇時間欣賞他們所擁有的一切。一個巨大的警示正進行著。

我的經歷很獨特。

一夜之間，隨著病毒消息的傳出，我經歷了一種共時感，一個咔嗒聲響起，我與一股比自己更偉大的力量連結上了，這感覺起來就像宇宙拍了拍我的肩膀，然後就把我拉進遊戲場中。在我看來，宇宙就像是著名電影《洛基》裡，那位帶有沙啞嗓音的拳擊教練米基的形象，告訴我：「上場吧，孩子。他們需要你。」一股強大的能量湧入我的整個身體，每天早上我都會從床上跳起來，穿上我的超級英雄披風後準備開始工作。

瞬間，我的療癒案量翻了四倍。我所進行的一對一治療，很多都是患有嚴重焦慮症的人，我們突然間像是陷入了焦慮症的超級盃一樣，而我自己像是要角逐ＭＶＰ球員一樣。我有個單一但奉行不悖的焦點：絕對盡全力地服務每一個人。客戶也都比往常更快地剝離過去的傷口，核心問題也很快地就浮上檯面並得到解決。對於情緒緩解的方法我懂非常多，現在是時候以更遠大的方式分享這些技能了。我提供了一個免費的線上團體能量療癒活動，吸引了上百人參加。因此，我把它變成了一個每周的活動，而且持續了九周。我的寫作從這本書轉移到我的電子報，每周都會提供一些安慰和緩解壓力的做法，以協助引導人們駕馭這個令人困惑的狀況。

將近六個星期的時間裡，我每周工作六天半，每天工作十二到十八小時，其間還會想方設法地去購物、做飯、洗衣，以及在大自然中散步。大自然提供了絕對幸福的時刻。我比以往任何時候都更清楚地體驗到：我與萬物合一（我們都與萬物合而一），與參天大樹合一，與一朵盛開的櫻花合一，與雨滴合一，與池塘上翩翩起舞的光影合一的感受；一切都比以往任何時候都要神祕，也更清晰。如果人們知道他們可以自然而然地達到這個高度！

這其中最奇怪的部分是我的幽默感變成荒謬到了極點。我與任何能忍受我的人，分享了形形色色有趣的梗圖和笑話，在我們州長的每日線上報告中，我在那裡的聊天室表現得像個聰明絕頂的人。在一片抱怨聲浪中，我會四處留下好笑的評論，我覺得有必要在所有一片嚴肅聲中添加一些輕鬆感，所以認真扮演這個新角色，像個富有神性的傻瓜。

當我瞄到店裡面被一掃而空的貨架時，我會隨著雜貨店內的音樂起舞，有時也會環顧四周，看看其他購物者的困惑反應。甚至有位女士還戴著口罩對我咆哮道：「你他×的高興個什麼鬼啊？！」我希望我能給她一個答案。但是我從經驗中得知，超自然的經驗是要現在就把它活出來，之後再來確認，然而這種確認常常是徒勞無功的。

我不知道為什麼這會發生在我身上，但我知道這是注定要發生的。我的人性被我的靈性扔到了後座，偶爾我還可以在背景音樂中聽到還是「人類克麗絲」那輕柔的嗓音，訴說著擔憂：「我們的衛生紙夠嗎？如果食物短缺怎麼辦？我們覺得好孤單喔。」而「超靈克麗絲」聽見了她說的話，也認真傾聽了，並以慈悲之心與她交處。宇宙一秒鐘都沒有要她慢下來的意思，我已經在執行某個任務了。我對宇宙也比以往任何時候都更加信任，我感到被保護、被引導和被愛。

當人們處在受苦的狀態時，不見得會對你的良好狀態感到舒服。這情況可能發生在神奇又神祕的顯化任務中。當你學會處理生活時，你正從一個公認的現狀中退離，開始掌握自己的意識，學會與生命合作也讓生命為你效力。你正成為一名夢想的鍊金術士！做好心裡準備，因為不是每個人都會對此感到興奮。然而，你可以幫助他人和世界最好的方法就是成為一名大師級的顯化者，這會給你資源與他人分享。不僅僅是資源，還有知識，他們也可以為自己的生活創造更多事物——更多愛、更多錢、更多健康、更多快樂。我們每個人都可以使用顯化的力量。

你可以在別人對你不好的情況下，不受影響。

也許不是立刻就能如此豁達，但隨著時間的演進，你將會適應此新常態。即使面臨來自你所愛的人的批評，顯化所帶來的好處也會促使你繼續前進。

大約六周後，我那些超然的體驗也逐漸變成其他人都在經歷的人性苦難。一陣陣的不確定感、困惑和一種無法完全擺脫的痛苦孤獨感襲擊著我。與此同時，我開始為那次超自然的經歷感到悲傷。畢竟，面對恐懼，誰不想擁有無限的能量、熱情、愛和信念呢？我只是還沒準備好放下過去。我想一直有這種感覺。然而，即使在那段滿腹疑問的時期，我的需求也得到了滿足。

我分享這個故事的用意非常重要，即使在新冠肺炎全球大流行、經濟崩潰和可怕的騷亂期間，而且處處都令人覺得不對勁時，不論是過去或現在我都過得很好。若在正常情況下，會比好還要更好。我很滿意自己的工作，我可以在寫作和照片上揮灑我的創造力，同時我的生意也在擴展。

許多人都想知道我們不斷忍受的變化何時才會停止，我想念親臨教學現場，也想念旅行，我過得很好，而且大多數日子裡，是比好還要更好。只是需要處理一些我稱之為財務倖存者的內疚問題，除了會費和團體捐款，在許多人受苦的時候，意外的禮物和金錢常出現在我的生活中。沒有任何一個人會是座孤島，但是，當周圍有那麼多人陷入財務混亂時，我有這些額外的賞金又有什麼用呢？因此，我給予和捐贈的比以往任何時候都要來得多。

一直以來，我都知道：我們每個人天生就有能力在這世上創造一個全新的世界，一個對每個人都有功效，一個讓所有人都感到安全、健康、繁榮、快樂和自由的國度。這也許是黎明前的黑暗，而我憧憬著黎明的到來，我希望你們都能加入我的行列。這本書已問世，我提供了一張路線圖，不僅可以積極創造你想要的事物，還可以在宇宙中培養一種內在的信任和安全的地方。我是在說這些訊息可以改變世界嗎？是的，我就是在說這個。這些是自時間出現以來，每個進化階段一直在創造的原則，正如你可以改變自己，也可以改變自己的生活一樣，你也可以對世界產生巨大的影響。

在這段艱困的時期，除了每天的能量工作和祈禱，我也開始重新拾起以下這些好用的工具，我想告訴你的是我已經被賦予所有我需要的一切，完完全全的，所有一切。舉幾個例子來說：

某天在我寫作一整天之後，才意識到家裡冰箱是空的。我不得不在避免身體萎縮而急需的外出散步，以及出去買菜做一頓豐盛的晚餐之間做出選擇。我手上僅剩甜香蕉片和鮪魚罐頭，實在無法引起食慾，但就在這時，對面的鄰居馬克突然傳了訊息：「我煮了一些火雞肉湯，你要不要喝？」你有聽說過這種好事嗎？我散完步回到家，就發現一頓晚餐就放在我家門墊上，旁邊還貼著一張漂亮的明信片，上面寫著：「很高興你是我們的鄰居。」食物很美味、健康、具飽足感，也令人感到滿足，吃下肚的每一口食物也都讓我吸收了其中所富含的仁慈以及慷慨的能量。

幾年前，我從一家藝品店買了些金屬製的天使翅膀，在新冠肺炎隔離期間，身為客戶的我想繼續支持他們。出於一時興起，我查看了商店的網站，希望能找到其他的天使翅膀，但是他們的庫存很少，而剩下的那些天使翅膀對我也沒有吸引力。第二天，我的朋友基瑪妮說要送我她特製的藥草浴包，以及美味的家常菜。我在住家外跟她會面，並站在她的車後面，以便聊聊近況同時也可保持社交距離，這時太陽光照亮了她後座上的一些東西。「那些是金屬製的天使翅膀嗎？」我問。

「是啊！你要嗎？」她回答。

把這些天使翅膀拉出來後，我被它們的美麗和巨大給驚呆了。原來基瑪妮幾個月前就買了它們，但是她家空間不足，無法放置。我驚訝地發現翅膀上的標籤竟然是來自我一直在瀏覽的同一家藝品店。

後來在某個特別孤獨的日子裡，我感到筋疲力盡，甚至有點為自己感到難過時，我離開城市住宅，並開始了日常的自然之旅，人性在那天實在是發揮得淋漓盡致啊！我一直在努力工作，我突然覺得希望有人見證這一切，任何人皆可。我只需要一個「你做得很棒」的那種拍拍背的安慰即可。我駐足在信箱前，裡面有兩張卡片。一張是從荷蘭遠道而來，來自我最親愛的朋友維羅妮克，還有一包色彩鮮豔的紙巾復活節彩蛋。我的眼睛頓時亮了起來，她說：「在這艱難的時刻，你是一盞明燈！要知道，我非常愛你。」我淚流滿面。這正是我需要聽到的，也正是我最需要聽到的時候。雖然花了兩周的時間，但這張卡片還是準時抵達了。另一個來自我的好朋友雷吉娜，她是一位出色的按摩治療師，由於新冠病毒的隔離，她不得不暫停接待所有個案。她分享道：「我想讓你知道你有多特別。我欽佩你能在這個動盪時期提供有效的線上治療課程的意願和開放的心。」出於感激之情，她給了我三個按摩療程！一路上，我能做的只有哭泣，我感到自己被愛，被看見，被讚賞。所有之前的抱怨都在一瞬間消失了，取而代之的是感激。畢竟，我並不孤單。

我收到了梵莫（譯注：Venmo，為PayPal子公司，一個支付小額款項的軟體）的訊息。原來是一位慷慨的客戶轉了一大筆錢給我，我原先以為那是她未來的諮詢費用。相反地，她說這筆錢是為了感激我對她和她的家人所付出的一切。當她向我解釋這件事時，我淚流滿面。空出一些時間來寫這本書，就是我所使用的「技巧」。

還有其他很多慷慨的贈予哦！我的朋友瑪麗凱用可愛的骷顱頭布料為我縫製了四個非常漂亮的口罩，每次戴上它都會得到他人的讚美。之後她在社群媒體上傳了一包紙盤子，我向我母親提議跟她以物易物交換了些紙盤子！再來，就是我這傻瓜的一些玩笑了。我只是厭倦了一直洗碗盤，結果我朋友希薇婭和黛絲瑞就送了我華麗的原創藝術作品；我急需的肩頸支撐物則是來自謝娜的奢華香薰包裹。等等，還有更多哦！一大堆書（我喜歡書！）、更美味的家常菜、許多的賀卡、供我收藏的一台古董打字機、搞笑的簡訊、與不熟的舊識加深友誼。看到開心的客戶寫給我的甜蜜回饋，以及我第一本書讀者寫的貼心電子郵件，你就會明白為什麼在我迫切需要支持的時候，那些言語會讓我感到自己是深深地被支持著的。

所有一切都讓我能夠豐盛且充滿恩典地服務眾生，我這麼說不是在否認世界上正在發生的事情：我失去了一個熟識的朋友；三個朋友失去了父母；擔任臨終關懷志工的母親，也告別了兩位親愛的同事；我最喜歡的一些當地店家，可能無法再重新開業；我所有的演講和教學演示都被取消了，這還包括了每周與盲人和視障學生進行的能量課程，我非常想念他們。如同每個人，我失去了很多。

對我來說，成為一個靈性的存在，並不表示生活在幻想的泡泡中。這實際上是意味著，當我接受現實狀況時，我能以慈悲和理解，來回應我自己的反應和他人的處境。我盡我所能地成為愛的源泉，包括對自己的愛和溫柔，那麼，我就越有能力成為別人愛的源頭。我專注於想像一個適合所有人的世界，那個世界會是什麼樣子，會有什麼樣的感覺。我可以自學，找到自己該做的事情，並積極參與，當我創造了滿足自我需求的生活時，我就越有能力做到這一點。當我能付清帳單、睡得很好、情緒和身體都健康且充滿活力、感到安全和被愛、身邊有人理解我的古怪、當生命和我合作，而不是相互對抗的時候，在以上穩定的基礎上，我就能夠產生更大的影響力，以及更明顯的效果。

如果你想改變世界，就從你目前所在的狀態開始，向自己證明你做得到，能夠成為自己想要的樣子，也能擁有更多，然後再與有此需要的人分享。老實說，我真的相信我們可以擁有每個人都吃得飽、穿得好、住得好、受過教育、安全、滿足和自由的社會。這個更美好的世界，只需要更多我們這些顯化者的協助來開創。我已加入，希望你也能一同加入這顯化美好世界的行列。

不要因世界的破碎而沮喪。萬物皆可破，一切也都可以修補。正如人們所說，那與時間無關，而是意圖。去吧！有意識地、華麗地、無條件地去愛吧！破碎的世界在黑暗中等待著你的光亮。

——L. R. 諾斯特（L. R. Knost）／作家

我可以向你保證，我並沒有什麼特別之處。學生有時會說：「是啊，說得很容易，你是個神祕有靈性的狠角色，並以此維生。我有一份全職的工作，還要照顧年邁的父母。我只是個普通人，並不特別。」我都會提醒他們，他們都和我一樣特別，或不特別。宇宙並不會歧視任何人，在它眼裡，我們都是平等的。我並不是生來就吉星高照，而且我可以向你保證，沒有任何一個有理智的人在聽了我的人生故事後，會想要和我交換位置。

我比大多數人都要經歷了更多的掙扎、心痛和逆境，然而所有這些痛苦的經歷都為我的成長增添了養分，並將我引領到目前的狀態，我也深深地愛上了自己的生命。讓我與眾不同的可能是：我實踐這些原則和練習，練習就是依此設計的，而我練習了；我認真對待我的生活和幸福喜悅；我不滿足於平庸，因為我知道自己不必這樣做，你也是，我在這方面做了長足的努力，以至於我不再需要這麼做了。大多數時候，祝福湧入我的生活，當我遇到挫折時，我知道如何療癒它們，生命因此得以再次恢復流動。

就像依照食譜烹飪一樣，請按照我在本書分享的步驟進行操作，並追蹤你的努力和結果，什麼有回報？什麼沒有？你喜歡哪個？哪些是你永遠不會再做的？請注意自己的想法和感受、注意你的經驗、注意你的藉口；療癒自己的抗拒，把心思放在有成效的工作上，縱情地去執行，快樂地去執行，並為所有不斷湧現的美好事物歡欣鼓舞。

致謝

感謝喬艾爾・佛提諾絲（Joel Fotinos），再次給我機會採用我所教的知識，並以更強大且最美的方式將它帶給世人。非常感謝執行此計畫的得力助手關（Gwen Hawkes），她是個萬事通，還能以專業、精明和善良的方式服務。

感謝多年來透過許多書籍、講座、課程和研習班接觸到我的所有形而上學的老師們，他們汲取了古代和現代的智慧，將其與自己的智慧相結合，進一步地推展了這些知識，此名單包含但不限於：凱薩琳・龐德爾（Catherine Ponder）、黛比・福特（Debbie Ford）、迪帕克・喬普拉（Deepak Chopra）、丹妮絲・琳恩（Denise Linn）、艾瑪・科特斯・霍普金斯（Emma Curtis Hopkins）、恩斯特・赫姆斯（Ernest Holmes）、佛羅倫斯・斯卡維爾・辛（Florence Scovel Shinn）、蓋兒・斯托波（Gail Straub）、伊揚拉・範贊特（Iyanla Vanzant）、瑪麗安・威廉姆森（Marianne Williamson）、蜜雪兒・瓦德利（Michelle Wadleigh）、尼爾・唐諾德・沃許（Neale Donald Walsch）、羅克珊・路易斯・米勒（Roxanne Louise Miller）、塔瑪・基維斯

（Tama Kieves）、托妮・漢密爾頓（Toni Hamilton）和韋恩・戴爾（Wayne Dyer）。

感謝我的家人：當我缺席的時候，謝謝你們能夠理解作家就是這個德行，這也是我們為了完成工作所必須做的。我為我的缺席道歉，一直以來我都太忙了。我會補償你們的。

感謝我所有的朋友，我所選擇且遍佈全球的家人，他們容忍我的不安全感，並為我的勇敢鼓掌。你讓我的生活在各方面都充滿活力。

感謝創意集體公司——唐尼・巴恩斯（Donniee Barnes）、瑪麗・凱・卡尼（Mary Kay Carney）和希薇婭・泰勒（Sylvia Taylor）——讓我全權負責，並且總是好心地回應我遇到的障礙，並在我需要的時候督促我前進。

感謝維若妮卡・拉姆齊（Veronique Ramsey），為我的第一本書創作了所有的插圖。你總是提供我一個安全的地方降落，讓我開懷大笑，當我困住或害怕時鼓勵我。感謝您成為我最珍視的姐妹朋友。

參考資源

為了讓這趟顯化之旅走得更順利，請上www.manifestingbook.com 參考相關資訊，包含可下載的ＰＤＦ檔案、冥想和正向宣言相關的影音檔、歌單以及其他資料。

國家圖書館出版品預行編目 (CIP) 資料

顯化效應：每天都能做的「注意力鍊金術」，讓你心想事成 / 克麗絲．費拉洛 (Kris Ferraro) 著；心意譯．-- 初版．-- 臺北市：遠流出版事業股份有限公司，2022.04
面；　公分
譯自：Manifesting : the practical, simple guide to creating the life you want.
ISBN 978-957-32-9483-2(平裝)
1. CST：成功法　2. CST：自我實現

177.2　　111002748

顯化效應

每天都能做的「注意力鍊金術」，讓你心想事成

作　　者｜克麗絲・費拉洛
譯　　者｜心意
總 編 輯｜盧春旭
執行編輯｜黃婉華
行銷企劃｜鍾湘晴
美術設計｜王瓊瑤

發 行 人｜王榮文
出版發行｜遠流出版事業股份有限公司
地　　址｜台北市中山北路 1 段 11 號 13 樓
客服電話｜02-2571-0297
傳　　真｜02-2571-0197
郵　　撥｜0189456-1
著作權顧問｜蕭雄淋律師
ISBN｜978-957-32-9483-2

2022 年 4 月 1 日初版一刷
2024 年 3 月 5 日初版六刷
定　　價｜新台幣 420 元
（如有缺頁或破損，請寄回更換）

YLib 遠流博識網
http://www.ylib.com
Email: ylib@ylib.com